Les 40 sont cuites ?

Juliette Tresanini

Les 40 sont cuites ?

Une enquête piquante
pour savourer librement
la quarantaine

SOLAR

Sommaire

Introduction

Joyeux anniversaire ! JOYEUX ANNIVERSAIRE ! YOUHOU ! Brouhaha général, fausses notes à gogo et banderoles d'anniversaire ! Tout y était !

Moi Waouh ! merci, je suis tellement surprise !

C'est vrai, pour une fois, la surprise avait marché, et il y avait tous mes potes : les potes de la maternelle, les potes plus récents, les potes d'école, les potes de tournage, les potes du théâtre, les potes de vacances. Bref, tout le monde avait répondu à l'invitation. J'étais sur mon petit nuage, je passais de hug en hug (ou de bras en bras, pour les adeptes de la langue française). Ils s'étaient tous déplacés pour moi à Sète. J'étais émue aux larmes. Ils étaient tous là pour m'aider à passer ce cap fatidique des 40 ans !
Et puis les petites remarques ont commencé à fuser, notamment de la part de mes amis garçons qui, pour la plupart, étaient en couple avec des femmes bien plus jeunes : « Ça te fait quoi d'avoir 40 ans ? » « Bienvenue au club ! » (Le club ? quel club ? Au secours...) « Alors ton bilan ? Bonne première mi-temps ? » « Ouvre tes cadeaux, ce sont des crèmes pro-âge, parce que tu le vaux bien, ma chérie. »
Et ça a continué encore et encore (ce n'était que le début, d'accord, d'accord) ! Tout à coup, j'étais bombardée de questions : « Ça y est, t'es passée du côté obscur de la force ? » « Alors, tu ne regrettes rien ? » « Bientôt périmée ? »
Ces derniers mots supposément taquins lancés par mon pote Jérem ont résonné toute la nuit comme un écho qui s'intensifie façon Arletty. « Périmée, périmée, est-ce que j'ai une gueule de périmée ? » Non mais il est sérieux, lui ?

La nuit même, j'ai fait un drôle de rêve dans lequel je me retrouvais en train de négocier avec le temps, bien décidée à ne plus vouloir vieillir.

Moi Pé-ri-mée ? Vraiment ?

Le Temps Ah.

Moi Vous voyez une date de péremption sur mon front ?

Le Temps Non, je ne vois rien. Mais qui vous a dit ça ?

Moi Eux, là ! Ça n'arrête pas ! Rien qu'aujourd'hui, j'ai reçu un SMS de ma mère : « Il serait temps de faire un deuxième enfant, avant qu'il ne soit trop tard » ; un mail d'une marque qui m'écrit : « Nous avons repéré votre profil, et vous êtes la personne parfaite pour tester nos crèmes antirides » ; un commentaire d'un abonné sur ma chaîne YouTube : « Pas mal… pour son âge ! »

Le Temps C'est bien « pas mal » !

Moi « Pour son âge » !

Le Temps Ça va, 45 ans, ça passe encore…

Moi J'ai pas du tout 45 ans.

Le Temps Ah !

Moi Vous me donnez 45 ans ?

Le Temps Je ne sais pas.

Moi Je comprends pas, je fais tout bien : j'achète des produits bio, j'ai arrêté de fumer, je fais du Pilates trois fois par semaine…

Le Temps Oui, mais le dimanche, vous faites des *healthy brunchs* ! Et si la veille on vous propose une soirée qui commence après 22 heures, vous la déclinez. Quand on vous demande quand vous êtes née, vous répondez « dans les années 1980 » en espérant qu'ils pensent « 89 ». Et vous n'avez toujours pas compris ce que voulait dire « je suis chokbar » ! (Au fait, ça veut dire : « je suis choqué ».)

Moi C'est moi qui suis choquée quand vous me dites que j'ai l'air d'avoir 45 ans. Je ne veux pas les avoir, jamais, même pas 40, jamais !

Le Temps Est-ce que vous buvez des cafés après 16 heures ?

Moi Ben non, sinon je ne dors pas !

Le Temps Est-ce que vous mettez mille ans à renseigner votre année de naissance sur un site ?

Moi …

Le Temps Si vous faites une nuit blanche, vous mettez plusieurs jours à vous en remettre, non ?

Moi …

Le Temps Vous mettez des lunettes de vue pour écrire votre livre ?

Moi …

Le Temps Votre série préférée, c'est *Friends.* Vous connaissez par cœur les répliques de *La Cité de la peur,* vous savez qui est Filip des 2B3, et vous dites à tout va « c'est chanmé ». Vous vous endormez systématiquement avant la fin des films, et pour vous, Chirac dit « Mangez des pommes ! »

Moi *[en me radoucissant]* Et alors ?

Le Temps Alors rien, vous avez 40 ans !

Moi Alors, à ce propos, je pensais qu'on pourrait s'arranger.

[Je sors une énorme mallette. Le Temps est impressionné. Je l'ouvre, il n'y a que trois billets de 500 euros.]

Moi Oui bon, je ne suis pas riche… Alors, 1 500, ça vous va ?

Le Temps Je crois qu'il y a quiproquo, je ne peux rien faire pour vous.

[Je fouille dans mon soutien-gorge et je sors un billet de 50 euros.]

Moi 1 550 ?

Le Temps Ce n'est pas une question de prix, rangez-moi ça ! Je n'ai pas besoin d'argent !

Moi Tout le monde a besoin d'argent !

Le Temps Mais, je suis le Temps…

Moi Et le temps, c'est de l'argent ! OK, super, très drôle. Benjamin, il vous a donné combien ?

Le Temps Benjamin ?

Moi Button.

Le Temps C'est un personnage fictif !

Moi *[de mauvaise foi]* Je sais ! Et J-Lo qui ne bouge pas d'un iota, elle vous a légué sa fortune, non ?

Le Temps Bon, écoutez, je ne peux rien faire pour vous. Passez voir le service marketing de ma part, ils auront peut-être une idée… C'est à l'étage du dessous. Ils ne pourront pas vous rajeunir, mais peut-être rafraîchir l'emballage.

Moi Tu sais ce qu'il te dit, l'emballage ?

Voilà le problème : on ne peut pas négocier avec le Temps. Chronos est vraiment un bolos ! Il est perfide et il a ses têtes. Sur certaines, il n'a pas d'emprise et ne marque pas ; sur d'autres, il sait se rendre très visible avant l'heure !
Il est injuste, aussi ! Il passe en accéléré nos meilleurs moments : nos fêtes, nos vacances et nos jours heureux. Parfois, il s'arrête carrément quand tu tombes amoureuse et que plus rien ne compte. Et à d'autres moments, il passe au ralenti, insupportable, capricieux, laissant place à l'attente, l'impatience et l'ennui : quand tu attends les résultats de tes examens médicaux, quand tu te fais triturer la mâchoire par ton dentiste ou encore quand tu fais tes abdos-fessiers ou que tu te remets au footing après

plusieurs mois d'arrêt (ça fait seulement cinq minutes ?). Maudite distorsion du temps !
Ce même temps qui te fait dire que « c'était mieux avant » ou que « ça sera mieux demain » ! Nostalgique, il embellit le passé ; visionnaire, il idéalise le futur.
Son avocat dit de lui à qui veut bien l'entendre qu'il est « indispensable pour arranger les choses », qu'« avec le temps va, tout s'en va ». Bref, le temps se joue de nous en général, et de moi dans ce cas précis, et il est grand temps que ça cesse. À moi de jouer maintenant ! Après tout, je sais faire, je suis actrice.
Maintenant que j'ai 40 ans, je ne veux plus perdre mon temps à regretter le temps d'avant ou à espérer celui d'après ! Le bon vieux temps, c'est ici et maintenant !
Pourtant, je sens que quelque chose m'en empêche. Oui, mais quoi ? Pourquoi l'âge, et surtout celui des femmes, est-il un sujet ?

Pourquoi parler de l'âge ?

Au départ, je voulais simplement parler de comment se sentir bien dans son 40 – l'âge pas la taille ! Je voulais me pencher sur les solutions pour éviter la crise de la quarantaine, voire la démystifier (il y a tant de fake news !). Mais en approfondissant ma réflexion, je me suis dit qu'on ne pouvait pas s'épanouir dans cette nouvelle décennie a priori pleine de jolies promesses (on se connaît mieux, on a souvent évolué professionnellement, les enfants grandissent…) sans se défaire des injonctions faites aux femmes arrivant en « milieu de vie ». Je me suis aperçue que ce qui était difficile pour une femme de 40 ans, c'était en grande partie « l'âgisme » et le sexisme de notre société patriarcale.

Qu'est-ce que c'est que ce vilain mot ?

L'âgisme, c'est un doux mélange de dépréciation de l'âge et de sexisme ordinaire, qui nous empêche de vieillir comme les hommes, parce que LA SOCIÉTÉ a décidé qu'on n'avait pas le droit de vieillir, parce que c'est vilain, tout pas beau, le corps, voire la tête, d'une femme qui n'a plus 25 ans, et qu'il faut vite, vite le cacher ! Un héritage culturel qui nous laisse penser que 34 ans pour une Miss France, c'est un âge canonique ! Une injonction internalisée qui nous pousse à croire que les 40 sont comme les carottes, elles sont cuites, finies, sans croquant !

Ainsi, selon son âge, la femme doit prendre conscience de ce qu'elle a le droit de faire et plus le droit de faire. Et selon son âge, elle se voit expliquer ce qu'elle n'a pas encore fait, alors qu'elle aurait dû le faire, ce qui lui reste à faire, mais c'est peut-être déjà trop tard, il vaut mieux tout arrêter et pleurer sa jeunesse passée. Et si on lui lâchait les (premières) rides une bonne fois pour toutes, à la femme ?

Je ne suis pas vraiment étonnée que certaines femmes soient confrontées à la fameuse « crise de la quarantaine ». Après tout, si à 40 ans elles sont obligées de constater que leur apparence ou leurs accomplissements jusque-là ne correspondent pas à ce qu'on attend d'elles, évidemment qu'elles vont mal vivre cette dissonance ! Alors peut-être que cela ne leur arrivera pas pile à 40 ans, mais à 43 ou à 45, voire à 47 ans. Mais quel que soit leur âge, qui sommes-nous pour dicter aux femmes ce à quoi elles devraient ressembler ou ce vers quoi elles devraient évoluer ?

Non, l'âge n'est pas une coquetterie !

Dans ce contexte, pas étonnant que « Tu as quel âge ? » soit une question redoutée par les femmes. Quand j'étais petite déjà, ma grand-mère m'avait appris qu'il était « malpoli de demander son âge à une femme ».

— Mais pourquoi seulement les femmes, mamie ? lui ai-je demandé plus d'une fois.

— Par coquetterie, me répondait-elle systématiquement.

Cette réponse ne m'a jamais vraiment satisfaite, et quand j'ai eu 40 ans, elle a carrément commencé à me gêner ! Car force est de constater que depuis mes échanges avec mamie, les lignes n'ont pas vraiment bougé, et même, avec la libération sexuelle, la jeunesse est devenue l'âge d'or. Globalement, on grandit toujours dans une société où l'âgisme est durablement installé.

Merde aux injonctions !

Alors, je me suis dit qu'il était grand temps de faire avancer les choses, de comprendre pourquoi l'âge est une telle épée de Damoclès pour la femme, et surtout comment éviter qu'elle ne s'abatte sur elle. J'ai décidé de comprendre, mais aussi de me rebiffer. Eh oui, j'assume cette expression de quarantenaire ! J'ai décidé de mettre un *red flag* à Chronos, de passer au crible toutes ces injonctions complètement d'un autre temps que la société m'impose encore !
Laissez-moi vieillir, laissez-moi, laissez-moi vieillir en liberté tout l'été ! (Je suis aussi fan de Dalida à mes heures perdues.) D'autant plus qu'à 40 ans je me sens tellement plus intéressante qu'à 20. Non, je ne suis pas qu'un âge, je ne suis pas qu'un corps, et je souhaite avoir la capacité d'habiter ma vie pleinement sans qu'on me colle une date de péremption à 50 ans et la pression d'une « ménopause sociale » à 45 !

Génération sandwich !

Et comme si ce n'était pas déjà assez compliqué pour les quarantenaires, il y a tellement d'autres injonctions à combattre : autour du couple, de la maternité, du corps et de la santé, de l'alignement avec soi, de l'aboutissement professionnel. Bref, le parcours de la quarantenaire est à mi-chemin entre *En thérapie* et *Fortnite*, entre l'heure du bilan allongée sur son divan et comment atomiser tous les modèles archaïques.

Comment vais-je procéder sur ce terrain miné, là où tant d'autres se sont aventurées avant moi ?
Après mon anniversaire et la myriade de commentaires absurdes qui en a découlé, j'ai décidé de mener l'enquête. Mais attention, pas une enquête de haut vol avec un protocole en double aveugle scientifiquement validé par mes pairs quarantenaires. Non, moi, mon enquête, elle serait plus en mode *Strip-Tease* (l'émission documentaire belge des années 1980, si vous n'avez pas la ref') et plus particulièrement « Strip-Tease s'invite chez moi », vu qu'elle se base essentiellement sur les confidences de celles et ceux que j'aime et sur mes dialogues avec moi-même. Vous le constaterez bientôt, on est plusieurs à habiter mon corps de quarantenaire : une experte historique un peu geek, une conscience féministe un peu vindicative, une floppée d'émotions carrément pénibles... Mais c'est aussi cela, la complexité d'une quarantenaire bien dans son 40, déterminée à porter haut et fort les couleurs de la génération sandwich !
Oui, nous sommes la génération sandwich, prise entre une génération précédente déjà en rébellion mais encore très marquée par les traditions, et la nouvelle génération, qui s'est déjà largement éloignée des règles du patriarcat. Et puis il y a nous, la génération X et celle des millennials, prêtes à dégommer les préceptes des boomers et en même temps pas aussi déconstruites que les Gen Z et maintenant A, voire B. À nous de réinventer des modèles qui seront donc plus alignés avec ce que nous vivons à l'intérieur de nous car, *spoiler alert* : 40 ans, c'est encore jeune, « c'est la vieillesse de la jeunesse » ! Oui, je cite Victor Hugo, et alors ? À mes yeux, cette citation montre bien que ce n'est pas le début de la fin, mais le début d'un apaisement, d'une concrétisation, d'un avenir plus « en conscience ». Bref, nous pouvons changer nos représentations pour avoir hâte de vieillir, hâte de découvrir ce que pourrait nous proposer la suite de l'aventure. Je compte bien passer la plus belle décennie de ma vie. Et je compte bien vous emmener avec moi dans cette *positive attitude*

pour qu'on se dise toutes et tous : « Chouette, un an de plus, quelle chance de pouvoir le célébrer ! »

Les personnages de l'enquête

Je précise que cette enquête a duré neuf mois et que les principaux personnages de mon entourage interrogés sont : Rachel, mon amie prof d'histoire, maman de deux enfants et qui divorce pendant l'écriture du livre ; Iris, ma copine avocate, célibataire et hypocondriaque ; Claire, qui milite pour une meilleure répartition des tâches ; Charlotte, fatiguée de se mettre sur son trente-et-un pour avoir la permission de travailler dans son cabinet de comptabilité ; Amaya, qui a eu son premier enfant à 40 ans passés (merci la FIV) ; Louise, qui ressent déjà les prémices du syndrome du nid vide ; Marie, qui ne sait pas déléguer ; Jeanne, qui ne se soigne pas ; Élo, qui a eu une grosse alerte de santé ; Jade, ma copine taoïste ; Gina, ma petite-cousine pansexuelle ; Jerica, ma correspondante allemande ; Virginie, mon amie anthropologue ; Fanny et sa joie de vivre ; ma pote Charlie qui parle de son instinct maternel ; ma mère, qui est dans la quarantaine depuis trente ans ; mais aussi des hommes, mon père, mon mec, mon oncle, mon cousin, mon pote Francky, taquin avec les hétéros, et celui qui me donne encore plus envie d'écrire ce livre pour le changer de l'intérieur : mon pote Jérem, papa de deux enfants et en pleine crise de la quarantaine. Merci, mon Jérem, de toujours mettre les pieds dans le plat, tu es ma principale source d'inspiration.
D'autres personnages, plus abstraits, viendront compléter mon analyse : mon experte historique, ma Feminy Cricket (alias ma conscience féministe), mon double coquin, Chronos et la Société en personne, apporteront des éclairages plus sociétaux sur le pourquoi des injonctions dans tous les domaines – vie pro, vie perso, santé, beauté et bien-être.

Épisode 1

On est qui à 40 ans ?

Pour me donner du courage avant de me lancer dans le vif de mon enquête, j'ai commencé par prendre un café avec mon pote Jérem. Un peu de procrastination n'a jamais tué personne. Et puis, l'avantage de Jérem, c'est qu'on se connaît depuis presque aussi longtemps qu'il en faut pour développer une crise de la quarantaine et qu'en plus, il est de Marseille. Alors même quand on parle de sujets sérieux ou qui fâchent, ça me met toujours du baume au cœur, avec un petit goût de panisse ou de pastis (selon votre préférence).

Jérem	Je reviens de chez ma psy. Elle m'a dit que je faisais une crise de la quarantaine !
Moi	En même temps, y avait des indices.
Jérem	Qu'est-ce qui te fait dire ça ?
Moi	T'as 40 ans et t'es en crise !
Jérem	Oui, mais elle m'a dit que la crise allait se transformer en « brise » de la quarantaine…
Moi	C'est poétique, comme un souffle nouveau sur ta vie !
Jérem	Exactement, dès que je me serai délesté de tous les bagages qui m'encombrent.
Moi	En même temps, tu t'es pas mal délesté… En six mois, t'as quitté ta femme, t'as déménagé, t'as quitté ton travail, et tu viens de t'acheter une Harley. On est bien dans les changements de direction !

Jérem C'est parce que j'espérais retrouver ma boussole intérieure, me reconnecter à ma source, revenir à l'essentiel et découvrir ce pour quoi je suis sur terre. Et puis, je voulais arrêter de toujours penser aux autres et m'écouter enfin un peu !

Moi Ah ! ben ça, tu le fais déjà pas mal !

Jérem Tu trouves ? Bon, et toi, comment tu vas ?

Moi Ça va, je…

Jérem Tu vois, je ne peux pas m'empêcher de toujours penser aux autres, c'est pénible à la fin. Il faut vraiment que je me soigne !

Criser ou ne pas criser, telle est la question ?

Bon, peut-être que Jérem n'était pas la personne la mieux indiquée pour commencer mon décryptage de la quarantaine. Je l'aime de tout mon cœur, on a partagé tous nos plus beaux moments amicaux à remater la trilogie de *Retour vers le futur*, karaokant les dialogues de chaque scène, mais il est quand même très autocentré et moyennement empathique (pour utiliser un euphémisme). Heureusement que tous les quarantenaires ne plaquent pas tout pour commencer un roadtrip à deux-roues à Deauville (parce qu'il ne faudrait pas aller dans un endroit trop *roots* non plus). Cela dit, il a eu le mérite, après un petit temps de réflexion, de me donner sa définition de cette fameuse crise de la quarantaine. Et elle me semblait être un excellent point de départ de mon enquête. Après tout, s'il y a bien une idée reçue, c'est que c'est un passage obligé pour les « pré-boomers » que nous sommes.

Alors, selon Jérem, la crise de la quarantaine, « c'est le moment où tu fais tes propres choix, tu t'écoutes et tu suis tes envies, parce que tu réalises que tu es un être mortel et que tu n'as qu'une vie ! Tu te dis : "OK Jérem, tu viens de passer le cap de la première partie de ta vie, tu as fait des études, trouvé un job, tu as un appart, tu as une femme, tu as bossé dur pour le bonheur des autres (dont celui de ta femme), mais... est-ce que ça suffit ? Et surtout, maintenant qu'est-ce que tu fais ? *What's next ?* (Jérem, il aime bien lâcher des anglicismes avec son accent marseillais. Il doit trouver que ça lui donne un air cool.) Il est peut-être temps d'aller t'explorer de l'intérieur." »

À chacun sa vision de la crise de la quarantaine

J'ai ensuite continué à poser la question autour de moi au fil de mes échanges avec mes proches. Jérem est sympa, mais il n'a pas non plus la réponse universelle au sens de la vie. Alors, la crise de la quarantaine, info ou intox ? Et si ça existe, c'est quoi exactement ?

La crise de la quarantaine selon mes proches

Mon père : C'est une crise d'ado, avec une carte bleue !

Hervé, mon pote marathonien : C'est comme un marathon mais sans entraînement, du coup, à mi-chemin, t'as déjà des ampoules et une envie folle de te poser pour qu'on te ramène de l'eau... ou une pizza.

Iris : C'est comme monter un meuble Ikea sans notice avec des pièces en moins et un doute soudain sur son utilité.

Rachel : C'est partir en voyage sans GPS, tu devrais avancer mais tu tournes en rond, tout en t'engueulant avec ton mec qui te gâche l'aventure.

Ma mère : C'est comme un entretien d'embauche où tu es évalué pour ta sagesse et tes anecdotes du bon vieux temps.

Ma cousine : C'est se mettre du vernis noir parce que ça fait punk !

Mon cousin : C'est partir vivre dans une yourte au Groenland, parce que ta vie n'a plus aucun sens dans ton cinquante mètres carrés à Paris.

Jérem : C'est arrêter d'écouter les autres et ne penser qu'à ta gueule, enfin ! (Non Jérem, ça, c'est la crise de la quarantaine chez le connard uniquement !)

....

Bon, j'étais peu avancée, donc j'ai continué à frapper aux portes de mes proches avant de pouvoir identifier en filigrane quelques questionnements communs qui pouvaient mener à cette fameuse crise, à savoir :

- Qui suis-je vraiment ?
- De quoi ai-je (vraiment) envie ?
- Et si j'arrêtais de répondre constamment aux sollicitations des autres ?
- Est-ce que j'aime vraiment la personne que je suis devenue ?
- Ai-je pris la bonne direction ?

Que des questions super simples, en somme… À entendre Jérem et ma famille, j'avais l'impression que, les 40 ans arrivés, tu entrais plus ou moins violemment dans ce moment où tu sais que tu n'es pas éternelle et que tu veux « rechoisir » les choses, t'interroger sur ce que tu veux réellement dans ta vie, pour ta carrière, tes rêves, tes désirs, sur ce que tu attends pour la suite de ton aventure. C'est peut-être pour ça que nous sommes si nombreux à faire des *bucket-lists* à ce moment-là de notre vie ?

La bucket-list de la quarantenaire accomplie

Qui dit questions existentielles, dit évidemment liste des choses indispensables à faire avant de mourir (ou du moins, c'est comme ça dans tous les films américains). Alors avec Jérem, on a profité de notre café, pour faire une *to-do* non exhaustive et pas forcément réaliste à viser pour les quarante prochaines années :

- ☐ sauter en parachute ;
- ☐ faire un deuxième enfant ;
- ☐ s'éclater enfin au lit et coucher avec Brad Pitt (quand il avait 40 ans) ;
- ☐ visiter le Japon avec ou sans Brad Pitt et à n'importe quel âge ;
- ☐ essayer de trouver un autre exemple de sex-symbol que Brad Pitt (c'est à vous...) ;
- ☐ ne plus se forcer à faire ce qu'on n'a pas envie de faire ;
- ☐ dire tout haut ce que tout le monde pense tout bas ;
- ☐ devenir flemmard·e et égoïste ;
- ☐ manger des Schoko-Bons, juste parce que c'est bon ;
- ☐ s'acheter une Harley-Davidson pour rouler, calvitie au vent, sur la route de Memphis.

(Je vous laisse le soin d'identifier qui est à l'origine des différents objectifs à atteindre.)

Elle sort d'où, cette crise de la quarantaine ?

Bon, trêve de plaisanteries : puisque, pour ma part, je me sens jeune et fringante comme jamais et pas vraiment en crise, j'ai décidé de remonter à la source du concept. Mon objectif : mieux comprendre pourquoi certain·es d'entre nous décident de tout plaquer pour aller vivre dans une yourte dans la Creuse (à défaut d'avoir l'argent pour s'installer au Groenland) et pourquoi les autres semblent passer à travers les mailles du filet de la crise. J'ai donc fait appel à mon experte historique, qui n'est autre que mon alter ego première de la classe qui a beaucoup lu, chercheuse à ses heures perdues et qui adore surtout étaler sa culture (parce que c'est comme la confiture). Une sorte d'Hermione Granger interne, si vous voulez.

Experte historique La crise de la quarantaine ? Laissez-moi passer, c'est mon domaine ! Saviez-vous que l'expression « crise de la quarantaine » ou « crise du milieu de vie » a été utilisée pour la première fois par Elliott Jaques, médecin et psychologue canadien, en 1957, à la British Psychoanalytical Society ?

Moi C'est précis.

Experte historique Selon lui, cette crise est identitaire et physiologique, une étape naturelle de la vie qui affecte presque tout le monde à un moment donné. Elle est marquée par une prise de conscience de sa mortalité et des limites de la vie.

Moi Genre tu te rends compte que tu n'es pas immortel·le et tu veux en profiter.

Experte historique Genre c'est ça, oui. Enfin pour lui.

Moi Parce qu'il avait des détracteurs ?

Experte historique Comme pour tout concept, il y a évidemment eu plusieurs écoles. L'historien Mark Jackson propose une idée originale dans son essai *Broken Dreams* (Ed. Reaktion, 2021, anglais, non traduit). Pour lui, la « crise de milieu de vie » n'est ni identitaire, ni biologique, mais une réaction socioculturelle. À l'époque, dans l'Amérique ultra-normée des années 1950-1960, le rêve américain « impose » de se marier à 20 ans, d'avoir rapidement des enfants bien élevés, d'être propriétaire d'une maison moderne, d'une voiture neuve, de passer ses vacances à la plage et ses dimanches à l'église, etc. C'est tout à fait compréhensible que, à 40 ans, quand les enfants grandissent, voire quittent le nid (on commençait tôt à l'époque), les parents se demandent enfin : « C'était donc ça, la vie ? » et remettent tout en question. Selon Jackson, cette crise, c'est le choc entre des normes rigides et le désir d'un bonheur ailleurs que dans les standards sociétaux. Et ça, ça reste valable aujourd'hui et n'importe où dans le monde. Parfois, tout faire valser, c'est respirer enfin !

Moi C'est sûr que le bonheur est plus souvent « dans le pré » que dans le dernier grille-pain !

Mon experte historique soulevait un point intéressant. Et si la crise de la quarantaine était liée à l'image de soi et à cette distorsion entre ce que l'on est, ce que l'on a réalisé au milieu de sa vie et ce que la société attend de nous à cet âge ? Dans ce cas, les injonctions sociales que nous subissons en tant que femmes ne contribuent-elles pas forcément à cette dissonance ?

Être quadra, ça veut dire quoi ?

Du coup, j'ai décidé de faire un pas de côté. Parce qu'avant d'analyser ce que la société attend de nous, ce serait déjà peut-être bien de savoir ce que c'est vraiment d'avoir 40 ans. La question peut sembler évidente, et pourtant, la réponse varie d'une personne à l'autre et aussi au fil du temps. La preuve avec le sujet principal de mon enquête : moi !

Une femme canon qui twerke quelle que soit la saison

Si quelqu'un devait me poser la question aujourd'hui, je répondrais sûrement quelque chose du style « une femme de 40 ans, c'est une femme magnifique, drôle, décalée, dynamique et surtout extrêmement modeste, arpentant les rues de la capitale avec ses petites baskets et ses shorts en jean, qui twerke l'été en festival après quelques mojitos, et l'hiver, après quelques verres de vin/chocolat chaud ! » En tout cas, c'est comme ça que je me perçois aujourd'hui (avec beaucoup de second degré, vous l'aurez compris). Ça, c'est la plupart du temps. Parce qu'à d'autres moments, à la salle de sport, par exemple, la femme de 40 ans que je suis a l'impression d'avoir 88 ans et d'être raide comme un bout de bois, bien plus raide que ses copines de 60 ans d'ailleurs. Ça, c'est ma perception d'aujourd'hui, mais elle n'a pas toujours été la même au cours de ces dernières décennies.

Ma vision d'hier

À 15 ans, je croyais qu'une femme de 40 ans, c'était une maman, assez débordée entre son travail et les tâches ménagères, une femme qui mettait des crèmes aux algues vertes sur le visage en fumant des Marlboro rouges pendant qu'elle repassait les tonnes de chemises de son mari, tout en se disant féministe. Une adulte sérieuse et engagée, jamais bien loin d'un bon livre de psychanalyse (ma mère est psy), qui donnait de l'homéopathie à son enfant pour tout et n'importe quoi ! Mais quand le samedi soir venait, ses copines et elle ne pouvaient s'empêcher de pousser la table basse pour s'enjailler à contretemps sur les Rolling Stones (ça, c'est rock) !

À 25 ans, je croyais qu'être une femme de 40 ans, c'était dans longtemps, et qu'avant cette échéance j'aurais eu au moins deux rôles importants au cinéma, acheté deux maisons, fait deux enfants et épousé un homme ou deux, comme tout marche par paires.

L'imprévisible quarantaine

Maintenant que je les ai, ces 40 ans, j'ai l'impression que je ne les ai pas ! Je n'ai rien fait de tous les plans que j'avais, mais j'ai réalisé d'autres choses. Je n'ai eu qu'un enfant, je n'ai pas eu envie de me marier (c'est beaucoup trop d'organisation), j'écris des livres au lieu d'être en haut de l'affiche, je ne danse toujours pas sur les Rolling Stones. En revanche, je mets encore des crop tops ! Pas de maison secondaire, pas de pavillon en banlieue, pas de chien, ni de Twingo, mais encore des fêtes jusqu'à 3 heures du mat', des discussions philosophiques et des envies de paillettes et de Spice Girls en soirée comme jaja !
Je constate quand même qu'être une femme de 40 ans aujourd'hui, c'est aussi :

- me rapprocher de ma propre fin, mais surtout de la mort des gens plus âgés que j'aime ;
- perdre des abonnés sur Instagram, tomber dans l'indifférence, être moins regardée dans l'espace public (ce qui peut être libérateur aussi) ;
- perdre l'apparence de ma jeunesse, mais pas forcément la beauté ;
- me sentir apaisée, me détacher du regard de l'autre et perdre moins mon temps avec des personnes qui n'en valent pas la peine ;
- repousser encore et encore l'âge à partir duquel on décrète qu'on est vieille, pour refuser de le franchir. À 15 ans, on dit que cette limite est fixée à 30 ans. À 30 ans, on la repousse à 45, et ainsi de suite… Pratique, non ?

Enfin, j'ai tous les âges en un, puisque quand je joue aux Lego avec mon fils, j'ai l'impression d'avoir son âge, je me sens ado quand j'entends The Offspring à la radio, je me sens étudiante quand, pour écrire ce livre, je me rends régulièrement à la bibliothèque, entourée de vingtenaires qui bossent sur leur thèse, et je me sens vieille quand je suis sur un court de tennis en plein cagnard ou quand je sors en boîte de nuit ! Bref, 40 ans, pour moi, c'est un privilège.

Avoir 40 ans, ça veut dire quoi ? Les réponses de mon entourage !

Bref, j'ai l'impression qu'avoir 40 ans, c'est à la fois tout et rien, et surtout complètement contradictoire. Mes proches me l'ont aussi démontré par leurs réponses. Celles-ci étaient tellement disparates que j'ai entrepris de faire un tri et de les classer en trois catégories.

Alors, 40 ans...

Les pragmatiques

Mon mec : C'est préférer les places assises dans les concerts plutôt que la fosse.

Mon cousin : C'est passer plus de temps à chercher une excuse pour ne pas aller à un anniversaire que d'aller acheter un cadeau.

Mon docteur : C'est surveiller son taux de cholestérol et faire une mammo.

Ma tante : C'est commencer à prendre des assurances vie parce qu'on est devenu prévoyant.

Rachel : C'est ne plus faire de mélange en soirée.

Jérem : C'est être plus vieux que les joueurs de rugby !

Ma pote prof d'histoire : Ça dépend de l'endroit, de l'époque, de l'espérance de vie.

Ma cousine : C'est daber en pensant être cool (si vous ne savez pas ce que c'est, c'est que vous avez sûrement au moins la cinquantaine).

Mon ancienne coloc mathématicienne : Ça dépend de l'âge que tu as toi, et de l'âge qu'ont les autres.

Les pessimistes

Une comédienne : C'est être bientôt à la retraite.
Mon oncle : C'est être au sommet de la montagne et entrevoir la descente.
Une copine sportive : C'est être sur le banc de touche.
Iris : C'est préférer revoir une série qu'on connaît par cœur plutôt que d'en découvrir une nouvelle.
Une connaissance tiktokeuse : C'est être grabataire.
Ma voisine dépressive : C'est comme le calendrier de l'Avent, on compte les jours qu'il nous reste avant *The* date.
Ma psy : Arriver à la quarantaine, c'est réveiller la peur que suscite toujours une femme lorsqu'elle n'existe pas uniquement pour créer d'autres êtres et prendre soin d'eux.

Les optimistes

Mon éditrice : 40 ans, c'est le nouveau 30 !
Ma grand-mère : C'est l'adolescence !
Ma tante : C'est devenir « la meilleure version de toi-même » !
Ma cousine statisticienne : C'est être encore en dessous de la moyenne française, qui, je le répète, est à 43,6 ans.
Mon beauf : Avoir 40 ans, c'est arriver à l'âge où l'on peut faire des siestes sans culpabiliser. Enfin. Et merci pour ça !
Ma pote prof d'histoire : Si tu étais au Moyen Âge, tu serais bientôt morte, alors réjouis-toi !

Être un quadra et une quadra, ce n'est pas le même combat !

J'ai beau être convaincue qu'avoir 40 ans (et même maintenant un peu plus) est un privilège, personne ne m'a jamais dit : « Chouette, profites-en, c'est le début d'une autre vie, faite de

strass et de paillettes avec des voyages enfin chouettes, car on a pour la première fois un peu de pépettes. » Au contraire, vous le savez maintenant, mes amis ont plutôt opté pour un regard condescendant et m'ont dit, en posant leur main sur mon épaule : « Bienvenue au club ! »
Certains me diront qu'on a les amis qu'on mérite. Et pourtant, je constate que, avec mon mec, on a beaucoup d'amis en commun, et que lui, à 40 ans, personne ne lui a parlé de club des préretraités ou de date de péremption !

Le double standard du vieillissement

Pourquoi sa carrière à lui commence à 40, avec des rôles de plus en plus intéressants, et pourquoi la mienne semble toucher à sa fin, alors que je n'ai jamais été aussi expérimentée et compétente ? Quel est donc ce double standard du vieillissement qui bonifie les hommes et invisibilise les femmes ?
Mon amie Virginie, qui est anthropologue, disait qu'historiquement, dans certaines régions africaines, les femmes qui prenaient de l'âge accédaient aux cercles de parole et pouvaient même devenir cheffes de guerre ! Alors certes, elle parle sûrement ici de femmes bien plus « sages » que celles ayant la quarantaine, mais je me demande quand et pourquoi on a arrêté de percevoir l'expérience comme une qualité. Pourquoi la jeunesse serait la meilleure période de la vie d'une femme alors que ce n'est pas le cas chez les hommes ?

Tu seras invisibilisée (morcelée, scrutée, jugée), ma fille !

Ces attentes genrées, ces injonctions à ne pas vieillir, je les observe au quotidien, dans le milieu du cinéma auquel j'appartiens. Depuis quelques années, elles me sautent de plus en plus aux yeux (malgré ma vue qui baisse, c'est dire si elles sont

visibles). En observant la création dans mon milieu professionnel, j'ai tout de suite pris conscience qu'un certain jeunisme ambiant dans notre culture était dispensé par le cinéma.
Pour avancer dans mon enquête, je me suis dit qu'il serait intéressant de jauger à quel point cette imprégnation jeuniste était forte et surtout si elle était conscientisée. J'ai donc décidé d'emmener mon Jérem au ciné. Et franchement, j'ai bien fait… On est allés voir le film *Eiffel* de Martin Bourboulon tous les deux.

Moi Y a rien qui t'a choqué ?

Jérem Le mec qui mangeait des pop-corn derrière nous ?

Moi Non, dans le film ! Les deux héros, Gustave Eiffel et son *love interest* sont censés être amis d'enfance donc avoir le même âge !

Jérem Oui et ?

Moi Et ? Dans la vraie vie, Romain Duris, qui joue Gustave, a 47 ans, et Emma Mackey, qui joue son amour de jeunesse, en a 25. Tu parles d'un amour de jeunesse : il a dû tomber amoureux d'elle quand elle était encore dans le ventre de sa mère !

Jérem Ah ! oui, maintenant que tu le dis. Ça ne m'avait pas choqué !

Moi Je te rassure, le producteur et le réalisateur non plus !

Jérem C'est parce qu'elle était meilleure que ses aînées, sûrement !

Moi Non Jérem, ils n'ont même pas casté d'actrices de l'âge du rôle ! T'en vois beaucoup, des femmes de plus de 45 ans dans les films, toi ?

Jérem Ben oui, il y a Mélanie Laurent, Mélanie Thierry, Mélanie Doutey…

Moi Stop ! Tu peux me citer autant de Mélanie que tu veux, mais tu observeras que, un, elles travaillent moins que quand elles avaient 30 ans, et que deux, si elles tournent, c'est un peu le syndrome de la Schtroumpfette : il en suffit d'une parmi tous les Schtroumpfs et on se dit « Ah ! ben, voilà, c'est bon, il y en a assez ! » Si les femmes ont une cape d'invisibilité passé un certain âge, ça signifie qu'elles…

Jérem … peuvent jouer dans *Harry Potter* ?

Moi … ne nous représentent plus, que nous ne pouvons plus nous identifier, et nous devenons donc, à notre tour, invisibles dans la vraie vie, par ricochet !

Jérem La femme invisible ! Ça, c'est un rôle que tu pourrais faire !

Quand l'âgisme imbibe notre culture

Le film *Eiffel* n'est qu'un exemple parmi tant d'autres, mais je le trouve particulièrement révélateur de l'influence que peut avoir un secteur sur notre perception de la femme au-delà d'un certain âge. C'est simple : si les actrices qui représentent des femmes de 40 ans ou plus à l'écran en ont 25, comment peut-on, en tant que société, avoir une image réaliste, positive des femmes de 40 ans et plus ? Alors que George Clooney et Jean Dujardin nous prouvent qu'on peut traverser la quarantaine, puis la cinquantaine, avec des premiers rôles à foison tout en gardant les cheveux grisonnants, pourquoi on ne pourrait pas en faire autant en tant que femmes ?

POUR ALLER PLUS LOIN
Quelques autres exemples qui en disent long !

- Dans *Napoléon* (2023), alors qu'historiquement Joséphine de Beauharnais avait six ans de plus que son illustre époux, dans le film, son interprète, Vanessa Kirby, a 35 ans quand Joaquin Phoenix, qui tient le rôle de Napoléon, en a 49 !
- Dans le film *Alexandre*, Colin Farrell, qui incarne Alexandre le Grand, a 30 ans lors du tournage, et sa mère, interprétée par Angelina Jolie, a exactement le même âge que lui. Je pense que toutes les actrices de 50 ans « avaient piscine » au moment du casting !
- Encore plus hallucinant, dans le film *Les Vengeances de Maître Poutifard*, Isabelle Nanty, 62 ans, joue la mère de Christian Clavier, 72 ans ! *No comment!*

Au quotidien, je côtoie plein de quarantenaires qui ne paraissent pas 25 ans. Elles ont des rondeurs qui s'installent, des petites rides qui apparaissent au coin des yeux, des cheveux gris qui commencent à arriver et des choses merveilleuses à exprimer, bien plus qu'à l'âge de celles qui les incarnent au cinéma. Elles vivent des divorces, retombent en amour d'hommes parfois plus jeunes, ont des histoires à dormir debout, gèrent des ados en crise, sont puissantes professionnellement ou complètement perdues, et dans les deux cas, ont des anecdotes croustillantes à raconter. Elles ont appris à se connaître, se sont « analysées », ont des tempéraments plus affirmés qui les poussent à se dépasser. Bref, elles sont beaucoup plus intéressantes qu'à

20 ans. Si j'étais réalisatrice, je ne raconterais que des histoires de femmes de 40 ans.
Le hic : en France, les actrices connaissent un pic de tournage entre 27 et 32 ans alors que les hommes bénéficient d'une carrière bien plus longue… jusqu'à 58 ans. Les femmes, elles, s'évaporent des écrans à 50 ans, voire pire : elles disparaissent des histoires. Et les professionnels du secteur semblent trouver ça tout à fait normal !
Quand j'étais jurée au festival de Luchon, il y a quelques années, un réalisateur que je respecte a affirmé qu'il était tout à fait normal que les femmes apparaissent moins dans les histoires après 45 ans car elles vivent moins de choses intéressantes. Je lui ai demandé de développer sa pensée et il m'a rétorqué que les jeunes femmes à l'écran sont souvent l'atout charme du film, le *love interest* du héros, qu'elles peuvent se marier, avoir des enfants et les éduquer. Mais passées 45 ans, que raconter sur elles ? Le syndrome du nid vide ? Rien de très réjouissant !
Il est sérieux, lui ? Comment un type si intelligent pouvait raconter des horreurs pareilles ! À 40 ans, on a des opinions, des idées, de l'expérience, un parcours, une liberté, des connaissances plus larges. Mais ce n'est sûrement pas ce que recherche le *male gaze*, ou « regard masculin », à l'écran ! Alors, ça peut paraître anodin, ou juste un problème de gens de cinéma mais si les femmes de plus de 45 ans disparaissent des histoires dans les films, elles disparaissent aussi des préoccupations de la société. Et comme elles disparaissent des préoccupations de la société, on ne les considère plus, et elles deviennent accessoires dans la vraie vie, dans l'espace public, au travail, etc.

Le regard masculin, c'est quoi ?

Le « regard masculin », voilà une étape intéressante de mon enquête (enfin, personnellement, je trouve). Pourquoi ? Parce qu'à mes yeux « ce regard masculin », c'est un peu le « grand méchant loup » responsable du fait qu'à 40 ou 45 ans, pour une femme, ce n'est pas trop la joie, et que ça ne va pas aller en s'améliorant si on ne change pas de perspective. Pour cela, j'ai invité ma Feminy Cricket pour vous faire un petit point. Je précise que Feminy, pour moi, c'est comme Jiminy pour Pinocchio, mais avec une conscience féministe.

Ma Feminy Cricket C'est en 1975 qu'une réalisatrice féministe britannique, Laura Mulvey, a défini pour la première fois le concept de « regard masculin ».

Moi J'ai comme l'impression de retourner à la fac !

Ma Feminy Cricket Le plus souvent, dans un film *male gaze*, le spectateur épouse le regard d'un héros masculin (hétéro/cisgenre) auquel il s'identifie. Les femmes sont plutôt des objets passifs. C'est l'homme qui désire, qui agit, qui fait avancer l'histoire, qui prend des initiatives !

Moi Tout l'inverse de la vraie vie quoi ?

Ma Feminy Cricket On y filme le corps des femmes jeunes par morceaux, en mettant souvent le spectateur dans une position de voyeur. Le regard de celui qui filme les choses, détermine ce que pensent les spectateurs, les amenant à désirer la jeune femme de moins de 25 ans comme un bout de viande.

C'est parce que les producteurs et les réalisateurs étaient et sont toujours encore majoritairement des hommes que nous avons, nous les femmes, la sensation de devoir ressembler à ces icônes sublimes, jeunes et en décalage par rapport à notre quotidien.

En d'autres mots, quand nous arrivons à la quarantaine, nous avons tendance à nous projeter dans l'image d'une femme :

- de 30 ans ;
- vue au travers des yeux d'un homme, donc hypersexualisée ;
- aux critères physiques irréalistes.

Pas étonnant qu'il puisse y avoir alors des dissonances entre ce que l'on est réellement et ce que la société nous renvoie !

POUR ALLER PLUS LOIN
Comment on internalise ce regard masculin ?
L'écrivaine Nancy Huston décrit comment ce regard masculin influence le comportement quotidien des filles. Avant d'avoir conscience d'être regardée, une fille est spontanée. Elle court, rit, saute à la corde, chante à tue-tête… Après 6-7 ans, elle intègre qu'elle est scrutée pendant ces activités. Bilan des courses : elle se concentre sur le fait de bien remettre sa jupe pour ne pas montrer sa culotte, de surveiller son langage, de parler moins fort. Elle devient *self conscious*, comme le disent les anglophones, ou « consciente d'elle-même ». En plus du regard extérieur, elle internalise son propre regard sur la manière dont elle se comporte. Une sorte d'injonction à elle-même !

Trop vieille pour être en bikini ?

À 40 ans, Hollywood reprochait à Demi Moore sa scène en maillot de bain dans *Charlie's Angels* parce qu'elle était déjà trop vieille pour porter un bikini ! De quoi mettre en colère mes deux meilleures copines, Iris et Rachel, qui, je vous préviens, vont pas mal intervenir dans ce livre. Après vingt ans d'amitié, on a bifurqué, côté métier (entre l'avocate, la prof et l'actrice, on fait une belle brochette !), mais en revanche on reste complètement alignées sur nos convictions !

Iris C'est un avion de chasse dans cette scène !

Rachel La définition de la bombe !

Moi Pourtant, elle avouait à l'occasion de son passage dans *C à vous* : « À 40 ans, on m'a fait comprendre que j'étais trop vieille pour être attirante pour une histoire d'amour. »

Iris Heureusement, quand je suis au tribunal, je suis moins « jugée » sur mon apparence, sans mauvais jeu de mots !

Rachel La robe d'avocat, ça camoufle !

Iris Et toi, avec tes habits de prof d'histoire, tes accessoires ethniques et tes sacs *Desigual,* t'es tranquille !

Stop les filles ! À ce stade, je me permets un tout petit aparté sur Demi Moore. J'ai récemment vu *The Substance* qui m'a glacé le sang. Voici le sujet de l'âgisme au cinéma, vu qui plus est par une Française : Coralie Fargeat ! Un vrai film qui dénonce l'injonction à la désirabilité et à la jeunesse, et l'addiction de l'apparence parfaite qui vient avec. Ce film a reçu le prix du scénario à Cannes, et Demi Moore, le prix d'interprétation aux Golden Globes, preuve que ce sujet intéresse. Je ferme la parenthèse, revenons-en à nos moutons ou plutôt à nos brebis !

Moi J'avoue que j'ai contribué au problème, j'ai joué des rôles de dix ans de plus que moi, si bien que les journalistes me demandaient mes secrets beauté pour paraître plus jeune. Ben, être plus jeune ! C'est pas magique, c'est mathématique.

Iris Ce n'est pas de ta faute, c'est la société qui veut ça. Dans mon métier, je vois l'arrogance des jeunes avocates un peu snob envers les plus expérimentées. On sent bien le côté un peu méprisant « t'es plus dans le coup parce que tu tiktokes pas après l'audience ». Ben ouais, je respecte le secret professionnel. Normal, non ?

Moi Ce n'était pas différent à notre époque ? On avait le respect des anciens.

Iris Non, je crois qu'on idéalise. Encore un coup de Chronos !

Moi Mais il y a bien des jobs où c'est avantageux de vieillir, non ? En entreprise ?

Iris Oui et non. C'est vrai que tu deviens top manager à 40 ans, t'endosses plein de responsabilités... Mais parfois, cela te vampirise et tu ne trouves plus l'équilibre vie pro/vie perso. Alors, tu veux changer de métier pour retrouver du sens à ta vie, et là c'est un peu compliqué parce que les recruteurs ont le réflexe « trentenaire ». Sans compter la dissonance que tu peux avoir si, justement, à 40 ans tu n'as pas suivi cette trajectoire, ou que tu as eu des « accros » dans ton parcours, à cause du plafond de verre notamment... Cela te confronte quand même à un sentiment d'échec.

Rachel On recrute des plus jeunes parce qu'ils sont plus malléables et moins chers, surtout !

Moi Donc tous les secteurs sont âgistes ?

Rachel Oui, mais rassure-toi, ça touche aussi les hommes.

Moi Ah ! c'est égalitaire au moins.

Rachel Mais beaucoup moins.

Moi Je me disais aussi…

HEUREUSEMENT, IL Y A DU MIEUX !

Les quarantenaires sont de plus en plus visibles !

Non, nous, femmes quarantenaires et plus, ne sommes pas condamnées à subir éternellement le *male gaze*, à être victimes de l'âgisme et à évoluer dans une société qui tend à nous invisibiliser ou à déformer notre réalité ! Les lignes bougent (et nous valorisent), j'en veux pour preuve ces cinq évolutions hyper positives.

Oust, le regard masculin, place au regard féminin !

Grâce à l'arrivée de nouvelles réalisatrices et de leur *female gaze* (le regard féminin, donc), des héroïnes plus mûres, qui désirent, font des choix, nous ressemblent, s'installent à l'écran, et c'est un réel pas en avant pour que nous, spectatrices, nous puissions nous identifier à ces histoires.

Concernant l'âge des héroïnes, l'écart se réduit entre elles et leurs partenaires à l'écran, et elles sont un peu plus présentes, passé 35 ans. Si je reprends les films français que j'ai vus récemment, je constate même qu'elles ont souvent plus de 40 ans, comme dans *Sarah Bernhardt* avec Sandrine Kiberlain ou *Quand vient l'automne* de François Ozon.

J'en profite pour vous glisser mon top 6 des *female gaze* à (re) découvrir à l'envi :

- *Thelma et Louise*, de Ridley Scott ;

- *La Leçon de piano*, de Jane Campion ;
- *Portrait de la jeune fille en feu*, de Céline Sciamma ;
- *Simple comme Sylvain*, de Monia Chokri ;
- *Fleabag*, de Phoebe Waller-Bridge ;
- *Barbie*, de Greta Gerwig.

La crise de milieu de vie s'invite à l'écran… Et c'est tant mieux !

Les questionnements de la quarantaine, la recherche de sens, les bilans (positifs ou non) sont plus que jamais des thèmes d'actualité. Un exemple ? *Anatomie d'une chute*, de Justine Triet, qui a reçu en 2022 l'oscar du meilleur scénario, soulève des problématiques de milieu de vie. Le partenaire de l'héroïne y fait clairement une crise de la quarantaine remplie de doutes et de regrets, de mauvaise foi, etc. Idem pour *Emilia Pérez*, de Jacques Audiard, dans lequel l'héroïne souhaiterait prendre un virage radical dans la deuxième partie de sa vie, à savoir changer de genre. Enfin, les désormais classiques qui parlent du couple, et des secondes chances à la quarantaine : *Rock'n' Roll* de Guillaume Canet, *While We're Young* de Noah Baumbach, *Ils se marièrent et eurent beaucoup d'enfants* d'Yvan Attal, et *Camille redouble* de Noémie Lvovsky.

Des femmes de plus en plus visibles dans les médias traditionnels

Selon le rapport de l'Arcom sur la représentation des femmes à la télévision et à la radio, en 2023, la barre des 43 % de femmes en plateau a été dépassée. Mais attention, leur temps de parole n'est que de 34 %. La même année, il y avait 50 % de présentatrices à l'antenne, mais les invitées (journalistes ou chroniqueuses) restaient minoritaires. Il y a du mieux donc, mais encore du chemin à faire ! Reste toute une flopée de bonnes nouvelles.

- De plus en plus de femmes dirigent des grandes chaînes comme France Télévision ou Téva.
- Dans la fiction, les femmes de plus de 40 ans sont nettement mieux représentées, grâce aux séries comme *Capitaine Marleau*, *HPI*, *Demain nous appartient* ou *Dix pour cent*, où les héroïnes sont

libres, alignées, débarrassées des injonctions de notre société. Et ça, ça fait du bien !

De nouveaux médias faits pour des femmes bien dans leur âge

Sophie Dancourt a créé « J'ai piscine avec Simone » pour que ses lectrices puissent s'identifier à des femmes normales de son âge. Elle parle de ménopause, d'actualité, dresse le portrait de femmes inspirantes et entreprenantes. Quant au média *Mesdames* lancé par Maïtena Biraben, il donne la parole aux femmes de 50 ans qui parlent sans triche ni tabou de leurs problématiques.

Et j'en profite pour vous glisser quelques recos de podcasts féministes inspirants :

- *La Poudre* et *Folie Douce*, pour parler de genre et de féminisme, de Lauren Bastide ;
- *Les Couilles sur la table*, de Victoire Tuaillon, ou une exploration approfondie sur les masculinités toxiques ;
- *Le Cœur sur la table*, de Victoire Tuaillon, ou comment repenser nos relations amoureuses ;
- *Les Mariannes*, qui mettent en avant des femmes de pouvoir, de Laurie Théron ;
- *Un podcast à soi*, qui fait parler des femmes anonymes sur leur vie, leur métier, leurs difficultés, de Charlotte Bienaimé.

Même la mode adoube les femmes de 40 ans et plus !

Voire de plus de 50 ans ! La styliste Nathalie Garçon a ainsi créé l'association *Over fifty et alors ?* Son but : ouvrir l'univers de la mode aux femmes de plus de 45 ans, convaincues que c'est l'accomplissement qui les rend désirables et non leur âge. Les mannequins seniors sont de plus en plus visibles elles aussi. C'est le cas de Yazemeenah Rossi qui, la soixantaine passée, publie des autoportraits en maillot de bain, sans retouche et en pleine nature, ou Caroline Ida Ours, plus de 60 ans, qui vient de se lancer dans le mannequinat, etc. Bref, il y a de la place pour toutes, quel que soit l'âge ! Et pour les quarantenaires que nous sommes, quelle heureuse perspective de comprendre qu'à 60 ans on sera toujours canon !

Les idées que j'en ai tirées

C'est bien beau de se prendre pour Colombo, mais encore faut-il que cela soit utile ! Loin de moi la capacité de mettre à mal toutes les injonctions du secteur et de révolutionner le cinéma. En revanche, pas question de rester passive et de pleurer sur mon sort non plus. Comme je ne veux pas que l'âge m'empêche de faire quoi que ce soit, j'agis au quotidien pour faire bouger les mentalités autant que je peux. À force d'y aller à petits pas, on va finir par y arriver, chacune dans son milieu !

Je m'engage pour avoir du poids dans les décisions

Moi qui n'ai jamais été très politique, à 40 ans j'ai senti la nécessité d'œuvrer pour le bien commun. Il y a deux manières de le faire. Soit s'infiltrer à l'intérieur du système, soit manifester dans la rue. Pourquoi choisir ? J'ai voulu tester les deux afin d'actionner tous les leviers possibles pour être utile à la cause. J'ai donc postulé pour être administratrice de la SACD (Société des auteurs et compositeurs dramatiques). Défendre les auteurs et les autrices, être garante d'une certaine parité, mettre en lumière des récits différents, telle est ma mission depuis un an. Pendant toute ma scolarité, je n'ai lu que des *auteurs*, sans que ça ne dérange personne. Pourquoi ? Parce qu'ils étaient au « programme », parce qu'on considère que les histoires racontées par les hommes sont universelles alors que celles racontées par les femmes sont des livres de femmes à destination des femmes ! Ce n'est qu'à 30 ans que je me suis rendu compte que je n'avais lu que Colette et Sagan, aussi j'ai rattrapé mon retard. Je me suis posé la question suivante : pourquoi le masculin est-il le neutre ? Si on m'avait encouragée plus jeune à lire Beauvoir, Virginia Woolf, Marguerite Yourcenar, cela m'aurait ouvert d'autres portes… Ouvrons nos répertoires, cessons d'invisibiliser la moitié de la population pour entendre toutes les voix. Telle est la mission

que je partage avec mes collègues de la SACD, et cela fait plaisir de contribuer à l'équilibre car l'équilibre est l'antidote à la pensée unique. Oui, c'est bien grâce à la pluralité des visions, que nous retrouverons ce qui pour moi apaise une société : la nuance et la diversité des regards.
Je fais également partie de l'association « Pour les femmes dans les médias », qui se réunit tous les mois pour travailler sur la parité et une plus grande représentativité des femmes dans les médias. Cette sororité qui n'existait pas il y a quelques années a déjà obtenu beaucoup de petites victoires. Les quotas dans le service public ont vu émerger de superbes réalisatrices, et certaines fictions françaises qui cartonnent sont portées par des actrices de plus de 45 ans ! Les quotas imposés dans les festivals ont vu émerger des chefs-d'œuvre du *female gaze,* etc.

POUR POURSUIVRE LA RÉFLEXION

Une réalisatrice qui gagne à être connue

Si nous avions célébré Alice Guy, première réalisatrice de l'histoire, nous n'en serions peut-être pas là ! Alice Guy travaillait pour Gaumont au début du XXe siècle. Elle est la première à avoir réalisé des films de fiction avec sa vision du monde. Par exemple dans *Madame a des envies*, elle filme une femme enceinte en train d'ingurgiter la nourriture des gens autour d'elle, montrant qu'elle peut désirer, être insatiable et impertinente. On est clairement dans un *female gaze* car nous suivons ses envies à elle, elle crée l'action et désobéit aux règles. Alice Guy aurait, je pense, inspiré plein de réalisatrices à en faire de même si elle n'était pas tombée dans l'oubli.

S'engager pour agir de l'intérieur et défendre les intérêts de ses pairs est quelque chose que chacune peut faire aussi à son échelle : par un engagement associatif, voire syndicaliste, en devenant déléguée du personnel, en participant à son comité de quartier ou autre. Lutter contre le « syndrome de la bonne élève » (notre tendance à nous conformer aux injonctions de la société) pour faire bouger les lignes, telle est notre arme majeure pour lutter contre un autre syndrome qui touche les femmes de plus de 50 ans : « le syndrome du couvent », qui les oblige à se retirer loin du regard masculin de notre société quand elles ne sont prétendument plus désirables ! Montons au créneau, battons-nous contre la « date de péremption » des femmes !

Je participe à la sororité

On entend souvent que les femmes sont les premières responsables des normes cruelles sur l'apparence physique. Oui, les critiques fusent parfois entre nous, et la compétition féminine a laissé des traces : « Miroir, mon beau miroir, dis-moi qui est la plus belle... pour éliminer mes rivales et m'en sortir. » Mais si on veut vraiment en finir avec cette guerre absurde, il faut s'attaquer à la cause : le patriarcat. Bon, Rome ne s'est pas faite en un jour, alors on avance doucement mais sûrement.

Pendant dix ans, je n'ai fait que créer des vidéos avec d'autres femmes. Au-delà du fait que personne n'a tué personne, qu'on est toujours amies et que tout était très fluide, nous avons essayé de faire réfléchir nos communautés sur des sujets comme la sororité, le syndrome de l'imposteur, la confiance en soi, la rivalité féminine, les diktats de la société, en proposant des histoires décalées emmenées par des personnages féminins forts qui brillent par leur humour et leur esprit, pas juste par leur beauté. Je me souviens d'un des messages de nos abonnées : « Vous êtes les Spice Girls du Web ! » Cela nous a fait sourire : nous comparer à ce groupe mythique était certes flatteur, mais hors sujet. Quoiqu'en y réfléchissant, l'irrévérence, le fait d'avoir envie de se rebeller, et notre réel amour pour les autres femmes, nous rassemblaient. *Girl power !* Ce jour-là, nous avons pris conscience de notre mission : écrire des histoires de solidarité féminine en lien avec notre temps, une époque qui prône la liberté et lutte contre l'idée que nous avons une date de péremption ! Et si tu n'écris pas, se rassembler, militer ou juste soutenir les autres femmes par une oreille attentive peut participer à l'action, car oui, on est toutes dans le même bateau, alors autant que la croisière soit amusante et conviviale jusqu'au bout.

Je comprends ma « ligne éditoriale »

J'ai compris que pour m'épanouir dans ma création, il fallait que les sujets que je porte me touchent. Faire avancer la cause des femmes, sentir qu'on peut agir, me motive plus que tout.
Grisée, j'en ai fait ma ligne éditoriale : *Martin, sexe faible,* pour dénoncer le sexisme ordinaire ; *Parlons peu mais parlons,* pour parler de sexualité au féminin ; le *Latte chaud,* pour rire des pressions sociétales ; et ma chaîne perso *Juliette Tresanini* pour aborder tous les sujets féministes. Chacune peut instiller ses idées dans ses projets pro, par petites touches, en parlant, en engageant des femmes de plus de 40 ans, en les mettant à l'honneur, en se tendant la main, en faisant des binômes inspirants.
Le binôme le plus inspirant pour moi a été celui que j'ai formé avec Michelle Obama (en toute simplicité) le temps d'une vidéo, pour parler d'égalité des chances entre les petites filles et les petits garçons en France et faire partie de son programme ambitieux : *Girl's Education.* Ce n'est pas tant d'avoir été choisie par la femme que j'admire le plus au monde qui m'a comblée, mais de me rendre compte pour la première fois que mon contenu pouvait avoir un impact sur des enjeux de société importants tels que l'équité dans l'éducation. J'avais ce pouvoir de participer, modestement mais sûrement, à un grand projet, une bataille de l'imaginaire et de pouvoir grâce à un média à portée de main, YouTube, inclure des femmes de tout âge, des corps différents,

des origines différentes, des idées progressistes qui prônent l'inclusion et le vivre ensemble dans l'harmonie[1].
Je fais un métier de représentation, qui a pour mission de représenter le monde dans son ensemble. Si les femmes de plus de 45 ans dans la vraie vie représentent plus de la moitié des femmes, elles doivent être tout aussi nombreuses sur nos écrans, contrairement à ce qui est le cas actuellement (moins de 10 %). À moi de réparer cet écart, cette exclusion, cette invisibilisation, à moi, et à toutes celles qui en ont conscience, d'en parler autour de nous le plus possible, à nous de faire partie des premières danseuses d'une fête qui nous célébrerait toutes ! Je vous explique ma métaphore.

J'ose être « la première danseuse »

Chaque année, j'essaie de faire bouger les choses en manifestant dans la rue, et chaque année je constate qu'on est de plus en plus nombreuses à le faire, et j'ai plaisir à penser qu'un jour il y aura plus de personnes dans la manif pour défendre les droits des femmes que de personnes qui s'en foutent. Il y aura forcément une bascule, c'est en tout cas ce qui me motive pour continuer. Pour filer la métaphore, je vais prendre un exemple plus festif : à chaque soirée, il est difficile de prédire si ça va partir en *dance floor* ou non. Il y a toujours ce petit moment de flottement entre les premières personnes qui osent s'aventurer sur la piste de danse et les autres autour qui les regardent en commentant. Et puis, petit à petit, les gens qui commentent rejoignent la piste parce que c'est beaucoup plus fun de danser que de critiquer ! Petit à petit, mathématiquement, le nombre de personnes qui dansent est suffisamment grand, il devient alors le point d'inflexion qu'on appelle « la masse critique », engendrant une

1. Voici la vidéo en question, « L'École des Filles / Girl's Education » avec Michelle Obama : https://www.youtube.com/watch?v=NGCJ5cTzs80)

augmentation exponentielle du nombre de danseurs, jusqu'à devenir la norme. Regarder les autres devient alors l'exception. J'avais vu ce concept de contagion sociale sur la chaîne YouTube *Fouloscopie* que je vous invite à visionner. Son créateur, Mehdi Moussaïd, qui est chercheur en fouloscopie (c'est l'étude de la propagation des informations, des émotions et des idées), nous explique par exemple que pour lancer une ola dans un stade, il faut environ trente personnes, qui est le nombre nécessaire d'individus pour déclencher un mouvement collectif par effet d'imitation.

Alors quel serait le point de bascule pour contrer l'âgisme ambiant ? Combien faudrait-il d'initiatives pour provoquer la bascule et l'inclusion des femmes de tout âge à l'écran ?

Car tel est mon objectif, utiliser ce phénomène de contagion sociale pour lutter contre le double standard du vieillissement. C'est vrai qu'en 2025 les femmes de plus de 45 ans sont en légère hausse à l'écran, mais ce n'est pas suffisant pour représenter la société.

Au moment où j'écris ces lignes, *The Substance*, avec Demi Moore, est nommé aux Oscars, *Babygirl* ainsi que *Les Dessous de la famille*, avec Nicole Kidman, sortent en France, *L'Idée d'être avec toi*, avec Anne Hathaway, et *Lonely Planet*, avec Laura Dern sont sortis depuis peu. Cinq films dont le sujet est le vieillissement des femmes, souvent en relation avec des partenaires plus jeunes qu'elles. C'est un premier pas dans la révolution « anti-âgisme » mais un pas trop mou, trop timide car ce qui saute aux yeux immédiatement, c'est que toutes ces femmes sont des bombes sexuelles irréelles très loin de nous dans la vraie vie. Elles sont toutes CSP+++, blanches, minces, validées et jolies (merci Fiona Schmidt, journaliste et essayiste d'en avoir fait un post Instagram). Le message est donc : allez, les filles, vous pouvez vieillir et ne pas être invisibilisées, si et seulement si vous ressemblez à ces créatures de rêves, c'est-à-dire si vous êtes des femmes privilégiées et que vous dépensez une fortune

pour ne pas bouger d'un iota entre vos 30 et vos 60 ans. Encore une façon d'indexer la valeur d'une femme à sa beauté, ça ne s'arrêtera donc jamais ?
La vraie révolution sera donc quand nous verrons des femmes à l'écran sans qu'on s'extasie sur le fait qu'elles vieillissent avec grâce. Alors fermez les yeux et imaginez qu'à partir de maintenant certaines scénaristes décident d'écrire pour des femmes de la vraie vie, avec des réalisatrices qui choisissent des actrices qui font leur âge, qui ne sont pas spécialement blanches et fines, qui nous ressemblent sans nous complexer pour incarner leurs histoires. Je sais bien que c'est toute une industrie à changer et que ça viendra plus facilement de la France que de Hollywood, mais on peut y parvenir, si nous sommes nombreuses à manifester cette envie, si nous sommes plein de danseuses à réclamer cette chanson spécifique au DJ, si nous sommes plein de spectatrices à aller voir les films avec Agnès Jaoui et Yolande Moreau ! Passé ce point d'inflexion, elles deviendront la norme à l'écran.
Alors combien faudra-t-il de pionnières nécessaires pour déclencher la réaction en chaîne et faire basculer le système ? Je n'ai pas le chiffre exact de la masse critique qui déclencherait ce point de bascule mais je sens que les femmes sont prêtes à se mobiliser, qu'elles sont de plus en plus nombreuses à avoir 45 ans, à avoir conscientisé ce double standard du vieillissement et à vouloir le changer. J'ai donc créé pour elles un nouveau slogan pour pouvoir faire leur révolution : *Old is Gold !* Il suffit de croire que vieillir est une richesse, que ça vaut de l'or, que c'est précieux et cela deviendra la pensée majoritaire. Nos pensées peuvent changer notre réalité, alors soyons toutes convaincues : la tendance est à l'expérience, et la ride est sacrée !
Pour résumer, je dirais qu'ensemble nous pouvons écrire de nouveaux récits pour réinventer un futur plus épanouissant qui donnerait à chacun·e le goût d'avancer dans l'âge.

Cher·ères citoyen·nes, abreuvez-vous de littérature engagée !
Cher·ères auteur·ices, écrivez des histoires qui n'excluent personne !
Cher·ères politiques, investissez dans des projets qui luttent contre l'âgisme !
Cher·ères journalistes, interviewez des *late bloomers* inspirantes !
Cher·ères directeur·ices de chaîne, osez la parité à tous les postes !
Cher·ères chef·fes d'entreprise, chérissez vos salariées expérimentées !
Bref toutes et tous – et surtout vous, hommes de pouvoir, à vous aussi d'écouter enfin la parole des femmes qui cherche à se faire entendre depuis tant d'années –, ensemble, nous pouvons donner de l'impact à cette génération de femmes laissées-pour-compte. Il suffit de leur tendre la main, ou encore mieux un micro car leur voix est d'or.

Épisode 2

Belle ~~pour mon âge~~ (lol)

Hier, je prenais un autre café avec Jérem. Je pensais que, après nos premiers échanges sur la crise de la quarantaine et mes envolées féministes sur l'âgisme, il aurait de quoi nourrir une réflexion un peu plus riche sur la condition des quarantenaires. Et puis, il a fallu quelques mots pour que je me ravise dare-dare. On parlait alors du fait d'être désirable pour son partenaire malgré le temps qui passe, et là, entre la poire et le fromage, il me sort :

Jérem Toi, ça va, t'es tranquille... Tu te prends pas la tête, t'es « nature-peinture », pas de chichi et autre tralala, c'est facile quoi !

Moi C'est facile ? C'EST FACILE !

Mais bien sûr, mon Jérem chéri, pour être « nature-peinture », je dois :

- payer l'abonnement à la salle de sport que je fréquente même le dimanche pour ne pas ressembler à un cupcake ;
- subir des séances d'épilation laser qui m'ont brûlé les poils avec une douleur proche de celle de mon accouchement ;
- prendre régulièrement rendez-vous chez le coiffeur pour cacher mes racines ;
- me tartiner de crèmes : crèmes de jour, crèmes de nuit, crèmes anti-rides, anti-poches, anti-cernes, anti-taches, anti-vergetures... Bref, anti-tout, quoi ;
- sans oublier tout le temps passé à éplucher les magazines, à scroller sur TikTok pour être au courant des tendances et ne pas avoir l'air « cuite » en 2025.

Moi Et toi, t'as fait quoi pendant ce temps là ? T'as... PRIS UNE DOUCHE ! OK !

Alors, cher Jérem, mon laïus sur l'invisibilisation des quarantenaires au cinéma n'a visiblement pas atteint la zone de ton cerveau capable d'une réflexion complexe. Donc reprenons à zéro : les injonctions liées au physique font partie de la vie d'une femme, de sa puberté jusqu'à son passage à l'Ehpad. Elles sont même la partie émergée de l'iceberg des attentes sociétales vis-à-vis des quarantenaires. Et malheureusement si j'étais réellement « nature-peinture », comme tu le dis, tu n'apprécierais sûrement pas :

- mes poils sous les bras :
- mon monosourcil :
- ma tête hivernale fatiguée ;
- mes (petites) rides de quarantenaire qui tentent de s'assumer ;
- et ma transpi' de la moustache !

Être belle à 40 ans, ça veut dire quoi ?

Je suis bien obligée d'admettre que cette petite discussion avec Jérem m'a fait cogiter. Certes, il vit un peu sur une autre planète, mais qu'en est-il des autres ? A-t-on vraiment conscience des attentes que l'on impose aux femmes de 40 ans sur leur physique et à quel point ces attentes peuvent être, au quotidien, un véritable fardeau ? J'ai donc décidé de continuer mon enquête et de repartir de la question super basique, mais quand même assez éclairante, je trouve : c'est quoi être belle à 40 ans ?

À chacun son regard sur la beauté

Cette fois-ci, j'ai commencé par mon homme (pratique, je l'ai sous la main). Sa définition de la beauté : « C'est un équilibre entre ce à quoi ressemble la personne et ce qu'elle semble être à l'intérieur. » J'y ai aussi réfléchi et je suis arrivée à la mienne : être belle à 40 ans, c'est être « centrée, alignée, apaisée ». C'est ma définition, mais j'aime aussi beaucoup celle d'une de mes actrices préférées, Penélope Cruz : « Il n'y a pas de règle, ce peut être le visage d'une belle femme de 90 ans pleine d'histoires et d'émotions. *La beauté est ce que les yeux de quelqu'un communiquent.* » En d'autres mots, la beauté, c'est dégager quelque chose d'harmonieux, qui plaît à celui qui regarde parce que ça le touche ou l'inspire. Jusqu'ici tout allait bien : j'avais l'impression après ces premiers constats que me sentir belle malgré le virage de la quarantaine allait être gérable pour moi, et par extension pour toutes les quarantenaires.

Comment fait-on quand on n'est ni Emily Ratajkowski, ni Elle Macpherson ?

Sauf qu'évidemment notre micro-perception à tous les deux ne correspond pas à celle de la majorité ou du moins celle qu'on nous suggère. J'ai ainsi découvert au cours de mes recherches les travaux d'Aurélie Jean, chercheuse spécialisée dans les algos. Elle s'est intéressée à une question particulièrement d'actu : « Qui est la plus belle selon les IA de recommandation de contenus sur les réseaux sociaux et de génération de photos ? » La réponse n'a pas été très surprenante. Est considérée comme belle la femme blanche, jeune, mince, cheveux longs et robe de cocktail ! Bonjour Emily Ratajkowski ![2] Je ne peux pas vraiment dire que j'ai été surprise en découvrant ces résultats, mais cela m'a quand même fichu un bon petit coup de blues social que j'ai directement partagé avec mes copines…

2. À écouter sur France Culture, *Le Biais d'Aurélie Jean,* épisode du 4 juin 2024, 4 min.

Rachel C'est décidé, j'arrête Instagram !

Moi C'est quoi ce monde où même les plus vieilles font plus jeunes que moi ?

Iris Grave, genre Elle Macpherson qui dit avoir « pris cher » à la ménopause ! Sa peau est plus ferme que la mienne à 20 ans, son corps n'a pas bougé, et son *glow* est plus radieux que jamais ! Littéralement, la nana, elle brille !

Rachel Ça, c'est parce qu'elle fait du yoga !

Moi MAIS JE FAIS DU YOGA, MOI AUSSI !

Rachel Oui mais elle, elle en fait toute la journée avec un coach privé !

Moi N'empêche, à tenir des heures en chien tête en bas, elle doit être toute rouge et transpirer de ouf de la moustache, elle aussi !

J'en plaisantais (tout le monde sait qu'Elle Macpherson n'a évidemment pas de moustache et que sa transpi sent bon la violette), mais on en était toutes les trois conscientes : derrière son credo « c'est plus facile d'être soi que d'essayer d'être ce que l'on n'est pas » se cache une armada de professionnels dont le seul job est de la rendre sublime, ceci à coup de milliers d'euros dépensés ! En fait, le paradoxe, c'est qu'il faut être jolie, mais surtout ne pas avouer qu'on fait des efforts pour obtenir ce résultat. Autre paradoxe : si on est jolie et qu'on se trouve jolie, il est de bon ton de ne pas le dire, voire idéalement de s'autodénigrer en mode *fat talk* ou *old talk* quand on prend de l'âge, pour être sûre de ne pas mettre la lumière sur soi. En continuant à échanger avec les copines, je me suis rendu compte à quel point c'était ancré en nous. Nous qui avions l'impression d'avoir un groupe hyper bienveillant, en fait, nous nourrissions la bête inconsciemment.

Rachel Je suis tellement contente d'être votre amie, vous êtes tellement belles, les filles !

Moi Tu plaisantes, t'es beaucoup plus belle que moi !

Rachel Pas du tout, j'ai pris du bide !

Iris Si toi t'as pris du bide, moi, on dirait que je n'ai toujours pas accouché !

Moi Dans ce cas, moi, j'ai toujours pas accouché de triplés !

Rachel Franchement, votre bide, il est comme vos rides : invisible ! Regardez-moi cette ride du lion. J'ai l'impression d'être le portrait craché de ma mère.

Iris Si t'es le portrait de ta mère, moi, je suis celui de ma grand-mère...

STOP à cette avalanche de dénigrement de soi ! C'est un réflexe féminin, se rabaisser pour se faire aimer des autres femmes, comme un bouclier contre la jalousie. Si je me minimise, les autres ne me verront pas comme une menace. La bonne nouvelle ? Je remarque que les générations qui nous suivent ne l'entendent pas de cette oreille et sont beaucoup plus aguerries à la *queen attitude,* qui consiste à briller et à être fière de son apparence. Eh bien voilà une posture que nous, quarantenaires, on aurait tout à gagner à adopter !

Perdre cinq kilos pour jouer une directrice d'école : bien sûr (que non) !

Bilan de la discussion : à 40 ans, on ne peut plus s'identifier à Emily Ratajkowski ou autre Kaia Gerber & co. Mais on ne peut pas non plus s'identifier à Cindy Crawford, Sharon Stone, Demi Moore ou encore Inès de La Fressange, qui sont certes plus âgées que nous, mais qui n'ont pas tout à fait le même physique que ma tante ! Et évidemment chez moi, femme de 40 ans, cela crée une certaine dissonance (d'où peut-être notre tendance à l'autodénigrement ?). Mais comment trouver ma place entre les idéaux de beauté de 20 ans et ces icônes de 60 ans qui ont l'air plus jeunes que moi ? Comment être douce avec moi-même quand on me dit que ce n'est jamais assez ? Sur plusieurs tournages, on m'a suggéré de blondir mes cheveux et/ou de perdre cinq kilos pour jouer une directrice d'école ou une policière – qui, dans la vraie vie, n'ont ni le temps, ni l'argent de se faire des mèches tous les deux mois ou d'être fit et callipyge comme Beyoncé ! Ras le bol de cette injonction à bien vieillir !

Trop naturelle ou trop botoxée

Le corps des femmes est un débat public, un sujet de société apparemment, sur lequel tout le monde peut donner son avis. Et quand une femme prend soin d'elle et va « trop loin » (à chacun·e sa conception de trop loin, bien sûr), on le lui reproche, notamment avec le *Botox shaming* (ou littéralement, le « harcèlement anti-botox »). Les « franchement, elle abuse » fusent facilement à la vue des fronts tout lisses de nos idoles. À l'inverse quand une femme laisse faire le naturel, qu'elle se libère, qu'elle laisse intacts ses cheveux gris, soit on l'applaudit en la qualifiant de courageuse, ce qui est un peu *too much*, soit on lui reproche de se laisser aller. Quoi qu'il en soit, elle doit se justifier ! Pour moi, le vrai problème est là : une femme doit modifier en permanence son apparence pour être intégrée dans la société selon des normes qui ne sont jamais en adéquation avec son âge. Et quand elle tente de le faire, il faut que ce soit discret. Quelle hypocrisie !

Petite anecdote de mon entourage

Pas étonnant dans ce contexte qu'on se retrouve parfois face à des situations ubuesques. Une comédienne de ma connaissance a décidé de déjouer les règles du temps qui passe en restant figée à 25 ans ! Cela fait plus de quinze ans qu'elle fête, chaque année, ses 25 ans ! Tout simplement. Comment fait-elle ? Il suffit de mentir et de changer d'amis régulièrement pour faire croire qu'elle est née une année plus tard à chaque fois. Sauf qu'à 40 ans ça commence à se voir, et tout le botox du monde ne peut rien y changer. Elle ne fait pas plus jeune que moi, mais plus trafiquée. Je trouve cette situation d'une cruauté absolue car derrière ce visage de poupée de cire, il y a une femme qui vit dans une société qui la pousse insidieusement à dissimuler son âge pour pouvoir travailler plus.
Je ne la juge pas. Chacune gère son appréhension du temps qui passe comme elle peut, et en toute honnêteté, s'il y avait une pilule magique pour éradiquer nos rides, on la prendrait toutes.

La pression depuis Lascaux

Chez toutes mes amies actrices, je fais le même constat : nous avons intégré cette pression à correspondre à une beauté normée, même si, à 40 ans, on le vit forcément d'autant plus mal que le fossé entre la représentation imposée et la réalité se creuse. Du coup, je me suis dit qu'il serait intéressant de se demander pourquoi on s'impose ça, pourquoi c'est tellement ancré en nous. Est-ce que, dans les siècles précédents, les femmes devaient aussi cocher des petites cases injonctives similaires aux nôtres ? Pour cette question, je rappelle mon experte historique. Je vous préviens, elle se laisse parfois un peu emporter…

Experte historique Aujourd'hui, nous embarquons pour la préhistoire.

Moi Genre, comment bien porter sa peau de mammouth pour sortir en grotte ?

Experte historique Plutôt pour un défilé à Lascaux car même si Jacquemus n'existait pas encore en – 25000 av. J.-C., la première top-modèle fut la Vénus de Willendorf, dont la particularité était d'avoir un ventre et des seins proéminents. Autre caractéristique, les poignets de cette Vénus étaient aussi larges que ceux des hommes. Sûrement parce qu'elle chassait aussi…

Moi Ou qu'elle était championne de chi-fou-mi !

Experte historique Ensuite, dans l'Égypte ancienne, qui a connu de vrais canons de beauté comme Cléopâtre, la femme idéale est devenue athlétique, grande et… maquillée. En guise d'eyeliner, elle utilisait du khôl à base de plomb.

Moi À base de plomb ? C'est sûr qu'un coup sur deux, tu perds ton œil ! Ce qui expliquerait sûrement pourquoi elle marchait de profil !

Experte historique Dans la Rome antique, c'était « un esprit sain dans un corps sain » : sport et corps athlétiques. Au Moyen Âge, les critères changent : blondeur, innocence et… ventre rebondi grâce aux robes rembourrées.

Moi Pas trop de clubs de gym à cette époque !

Experte historique À la Renaissance, place aux pulpeuses avec taille fine et corsets obligatoires.

Moi Pas de jalouses, tout le monde en apnée !

Experte historique La Belle Époque garde les corsets, mais les années 1920 voient arriver un tout nouveau style : la garçonne. L'heure est à la silhouette en tube, les cheveux courts et les gambettes à l'air ! Dans les années 1950, c'est glamour façon Marilyn Monroe : talons, bikinis, et silhouettes sculptées. Puis, dans les années 1970, les féministes brûlent leurs soutiens-gorge pour rejeter les injonctions.

Moi Enfin, un monde plus inclusif !

Experte historique T'emballe pas, les jeunes imposent leurs codes, excluant leurs aînées jugées ringardes.

Moi Et dans les années 1980 ?

Experte historique Le capitalisme impose l'idéal 90-60-90 avec Claudia Schiffer, Cindy Crawford et autres top-modèles encore plus minces et jeunes, comme Kate Moss, Christy Turlington ou Carla Bruni.

Moi Je m'en souviens bien, c'est pour ressembler à ces corps si fins que j'ai eu mes premiers TCA. J'ai fini par peser moins de 48 kg pour 1,70 m et je n'ai plus eu mes règles régulièrement…

Experte historique Heureusement, aujourd'hui on en est peu à peu revenu. La mode est plutôt aux corps pulpeux façon Sydney Sweeney ou les sœurs Kardashian.

Moi Oui, mais toujours « parfaits » et toujours… jeunes ou ayant l'air d'avoir 25 ans !

Experte historique C'est sûr qu'il va falloir se battre pour que les femmes soient considérées comme belles après 40 ans.

Moi Ou une version encore plus intéressante : qu'on arrête de ramener les femmes à leur physique dès leur plus jeune âge !

Tu seras mince, lisse et rebondie, ma fille !

Quand on voit le poids historique qu'ont les différentes représentations de la femme, cela me paraît tout de suite moins étonnant qu'à 40 ans (ou plus tard… ou avant, d'ailleurs) nous ayons autant de mal à nous détacher de cette assignation à être désirables. Après tout, il y a quand même là une sorte de construction transgénérationnelle (j'imagine ma thérapeute de mère se délecter à la lecture de mon analyse psy approximative…). Sans compter que nous sommes littéralement biberonnées à cela !

Cela a été mon cas. Dans les années 1990, la citation de Kate Moss « *Nothing tastes as good as skinny feels* » (littéralement, « rien n'a aussi bon goût que la sensation d'être maigre ! ») était devenue notre mantra au collège. On portait même des t-shirts à l'effigie de « la Brindille ». Pour ne pas avoir à me justifier de ne jamais prendre de dessert, j'avais trouvé la réponse imparable : « Moi, j'ai de la chance, je n'aime pas le sucre. » Évidemment, c'était faux, mais c'était mon bouclier ! Comme pour montrer

que je ne faisais aucun effort pour rester mince vu que je n'aimais que les carottes cuites à l'eau et autres légumes verts inoffensifs. Lol ! Toutes mes copines aussi surveillaient leur poids comme le lait sur le feu. Toutes voulaient un *thigh gap*, un écart entre les cuisses, digne du Grand Canyon, comme les top-modèles de l'époque. Qu'est-ce qu'on a pu faire comme exercices de sport humiliants pour avoir le même !
Qu'est-ce qu'on aura passé comme temps à essayer d'être *skinny*, au lieu de profiter de notre jeunesse, certaines même jusqu'à vivre des troubles du comportement alimentaire ! Résultat : à 40 ans ça continue, sauf qu'on est plus préoccupées par notre « ride du lion » que par notre « écart de cuisse » auquel on a renoncé depuis longtemps.

Aujourd'hui, les Sephora kids : je panique !

Dans *Sorcières* (Zones, 2018), Mona Chollet affirme que « le souci anxieux de vouloir conserver l'apparence de l'extrême jeunesse a pour effet de polariser les catégories de jeunes et de vieilles ». Aujourd'hui, même s'il y a du mieux (j'y reviendrai), je redoute les injonctions à être toujours plus belle, toujours plus jeune, à « évoluer »… Et c'est un euphémisme de dire que cela me fait flipper ! Je me dis qu'à 40 ans je devrais être en mode bilan, me satisfaire de tout ce que j'ai accompli pour me sentir bien, ne pas être tétanisée par les Sephora kids, ces bébés influenceuses qui partagent leur routine de skincare sur YouTube à 8 ou 9 ans, ou par ces jeunes filles de 20 ans qui font du *Baby Botox*, ou ces jeunes femmes brésiliennes qui font appel à la chirurgie esthétique pour se refaire les fesses. Franchement, si à 25 ans on doit contrer les signes de l'âge via le Botox et la chirurgie, qu'est-ce qu'on doit faire à 40 ?

Une beauté qui coûte la peau des fesses

Avoir 40 ans (ou plus), c'est déjà assez compliqué, mais quand on voit en plus le prix que ça coûte… Le « faut souffrir pour être belle » est devenu, avec l'installation du capitalisme, le « faut souffrir et raquer pour être belle ».

Je trouve ce sujet assez désespérant, surtout quand j'observe ma salle de bains. De mon côté, des crèmes et des soins en tous genres, une accumulation d'instruments de torture (pince à épiler, fer à lisser, rouleau de jade chelou dont j'ai oublié l'utilité) et du maquillage en veux-tu, en voilà.

Du côté de mon homme, une brosse à dents et un gel pour cheveux. J'ai donc cherché à comprendre pourquoi je devais ouvrir un plan d'épargne pour avoir une tête jugée acceptable, là où il suffisait à mon cher et tendre d'investir 30 euros par an pour avoir une haleine fraîche et la coupe de Ken.

Sur le marché de la séduction, les hommes peuvent avoir un corps mou, disgracieux et des cheveux gris car ils n'ont pas à tout miser sur leur physique. Leur statut social est davantage un critère. Nous, non, c'est le physique avant tout, c'est ce qui plaît en premier, pour séduire mais aussi pour travailler, alors ça devient un investissement quasi obligatoire.

Le coût de la beauté ou plutôt de la fraîcheur !

Je suis partie à la rencontre du premier directeur marketing que j'avais sous le coude. Il a été évidemment à la hauteur de toutes mes attentes (*spoiler* : mes attentes étaient peu ambitieuses).

Directeur marketing Vous mettez quoi comme crème qui rajeunit ?

Moi Ça n'existe pas les crèmes qui rajeunissent !

Directeur marketing Lol ! Alors pour vous, vu votre peau mature, je recommande de l'acide hydroponique, une bonne dizaine d'injections de Botox, plus des massages Komodo, avec un coach particulier de yoga facial !

Moi Ça va me coûter un bras !

Directeur marketing C'est soit votre bras, soit votre visage, à vous de voir ! C'est comme ça, on n'y peut rien !

Moi Vous n'y pouvez rien ? Franchement c'est pas vous qui avez inventé la « taxe rose » ? Que je paye 15 à 20 % plus cher mon déo, mon rasoir, mes sous-vêtements et mes coupes de cheveux même s'ils sont aussi longs que ceux de mon mec, ça vous semble normal ?

Directeur marketing Tant que ça marche, ça veut dire que ça ne choque personne !

Moi Ah ! oui, le cynisme jusqu'au bout, quoi !

Directeur marketing Écoutez, si vous ne voulez pas payer, je ne vois qu'une solution…

Moi Dites-moi ?

Directeur marketing Être un homme !

[Silence]

Directeur marketing Je suis très sérieux, on vous fichera la paix avec votre âge, on ne vous reprochera pas vos cheveux blancs, vous pourrez toujours sortir avec une femme plus jeune pour vivre une deuxième jeunesse sans qu'on y trouve à redire…

Moi Il n'y a rien d'autre à faire ?

Directeur marketing Épouser un riche qui vous paiera vos séances !

Moi Autre chose de plus féministe ? Je sais pas, vous ne pouvez pas faire en sorte que, dans vos pubs, on représente des femmes de la vraie vie ? Et pas seulement de tous les âges, mais de toutes les couleurs de peau, de toutes les morphologies…

Directeur marketing Non, ce n'est pas vendeur.

Moi Mais essayez au moins.

Directeur marketing On a déjà essayé. Il faut que le modèle soit jeune et mince pour que vous ayez envie d'acheter nos crèmes pour lui ressembler.

Moi Vos crèmes hors de prix !

Directeur marketing C'est parce qu'elles ont nécessité plusieurs années de recherches scientifiques en collaboration avec les meilleures universités qu'elles sont si chères !

Moi Stop ! Là, on peut carrément parler de « taxe rose fanée ». Non seulement tout est plus cher pour les femmes, mais encore plus pour les femmes « matures » ! En fait, vous êtes le diable parce que vous créez un problème en mentant aux femmes et en leur disant : voici à qui vous devez ressembler, à savoir une femme de dix ans de moins, puis vous leur proposez la solution en crème anti-âge et une bonne chirurgie pour vous en mettre plein les poches.

Directeur marketing Ah non !

Moi Vous niez en plus ?

Directeur marketing Non, non, c'est bien notre stratégie, c'est juste qu'on dit « pro-âge » et pas « anti-âge »... C'est plus positif pour la clientèle !

POUR ALLER PLUS LOIN

Le prix de la beauté !

En 2022, une enquête du magazine *Forbes* a conclu qu'être une femme coûtait en moyenne 1 400 euros de plus par an qu'un homme. Et les femmes doivent s'y plier pour s'ouvrir des portes côté pro. Selon d'autres travaux[3], les personnes plus belles que la moyenne ont plus de chances d'être embauchées, gagnent mieux leur vie et sont considérées comme étant plus dignes de confiance[4]. Lunaire !

3. Jack Kelly, « Attractive People Have A Big Advantage In The Job Interview », *Forbes*, 4 novembre 2021.

4. Adam Zylbersztejn, Zakaria Babutsidze, Nobuyuki Hanaki, Astrid Hopfensitz, « How beautiful people see the world : Cooperativeness judgments of and by beautiful people », *Journal of Economic Behavior & Organization*, vol. 218, 2024, p. 296-308.

Le prix d'un très beau voyage...

Je me suis « amusée » à calculer mon propre budget, moi qui suis « nature-peinture », comme le dit si bien Jérem :

- épilation : 30 euros tous les mois ;
- abonnement à la salle de sport : 350 euros l'année ;
- coiffeur (couleur et coupe) : 200 euros tous les trois mois ;
- détartrage et petit blanchiment des dents : deux fois par an, 120 euros la séance ;
- soin du visage : trois fois par an, 150 euros la séance ;
- achats de vêtements : deux fois par an, 400 euros ;
- maquillage : 250 euros par an ;
- sans parler des crèmes anti-rides, anti-âge, anti-vergetures, anti-sécheresse à 50 euros (minimum) le pot, deux pots par an.

Coût global à l'année : 3 350 euros par an ! J'ai conscience que je suis au-dessus de la moyenne, car mon métier de comédienne demande beaucoup d'entretien (j'ai l'impression d'être une voiture) ! Certains jours, je me sens presque privilégiée de pouvoir en faire autant. Mais la plupart du temps, je me sens prisonnière de ces diktats. Je préférerais consacrer ce temps et cet argent à des choses moins futiles. Je suis sans cesse tiraillée entre l'envie de me négliger et de garder mon argent pour des activités plus enrichissantes et l'envie de prendre soin de moi, de me sentir fraîche et qu'on me le dise. Souvent, les compliments arrivent quand je suis apprêtée, et alors mon estime de moi remonte, preuve qu'elle est encore assujettie à la validation extérieure. La société n'a donc pas à s'inquiéter, je vais encore continuer à acheter.

Être « belle » à 40 ans : une vraie charge mentale

Bilan à ce stade de mon enquête « beauté » : on est tellement sous l'emprise des injonctions que cela nous coûte bonbon depuis des générations ! Le hic, en plus, c'est que nous mettre en conformité est indécemment chronophage. Je le constate au quotidien : sur tous les plateaux de tournage, les femmes de plus de 40 ans (et donc moi !) sont convoquées quarante minutes avant les hommes pour être préparées, et vingt minutes avant les « jeunes femmes ». Ce temps, c'est, pour moi, le coût le plus douloureux car c'est du temps que nous pourrions investir dans :

- une grasse mat', donc notre bonheur ;
- sauver la planète ;
- inventer la pilule qui fait que tu adores vieillir sans LSD ! Ce qui serait super parce que l'âge ne serait plus un problème, on aurait notre solution, plus besoin de continuer ce livre ! #micdrop

Faire des heures sup pour s'entretenir

Plus sérieusement, je me suis décidée à reprendre mon enquête après m'être arraché les cheveux et avoir essayé de me rassurer en me convainquant que c'était une particularité du milieu dans lequel j'évoluais. Et malheureusement non ! J'en ai eu l'illustration parfaite quand j'ai évoqué cette question avec mon amie Charlotte qui était au service compta d'une grosse boîte parisienne. A priori, pas besoin d'être Elle Macpherson pour savoir faire de beaux tableaux Excel (c'est l'équation un peu rapide que fait mon esprit : comptable = tableau Excel = viens juste avec ton cerveau). Et pourtant, elle a eu beaucoup de choses à me raconter.

Charlotte Dans mon ancienne boîte, il y a toujours eu une espèce de règle tacite : tu dois être soignée, tirée à quatre épingles et mince de préférence, parce que quand même, tu dois donner l'exemple, et envie, surtout si tu es en contact avec des clients.

Moi Qui eux n'ont pas d'effort à faire !

Charlotte Le client est roi ! Au début, ça me paraissait normal. J'ai tout fait pour rentrer dans le moule des autres cadres : j'allais quatre fois par semaine à la gym suédoise pour garder la cuisse ferme, je me levais à 5 h 30 du mat' pour être pomponnée avant d'enchaîner sur mon heure de métro et être fringante en arrivant au bureau. Franchement, un vrai petit soldat !

Moi Une bonne petite pom-pom girl, tu veux dire ?

Charlotte Voilà, avec des jupes plus longues, bien sûr, pour ne pas déconcentrer nos collaborateurs ! Au bout de plusieurs années, j'ai constaté à quel point c'était absurde. Ma vie était minutée, j'étais sans cesse en train de culpabiliser à l'idée de ne pas en avoir fait assez, ou d'être un peu moins apprêtée que d'habitude ou d'avoir raté une de mes séances. Et puis, si à une époque j'adorais être pépette, en gagnant en expérience j'étais franchement saoulée qu'on évalue encore en partie ma valeur pro sur mon apparence.

Moi Surtout que ton boss, excuse-moi, je me demande s'il pense à se retirer les cacas d'yeux de la veille, déjà.

Charlotte C'est vrai qu'il fait négligé ! Et puis, il y a eu le Covid et ça a été une révélation. J'ai eu 40 ans le surlendemain du confinement. Avec la mise en place du télétravail, plus besoin de passer des heures à répondre à des exigences sur mon apparence. Je faisais ce qui me semblait nécessaire pour présenter bien (en Zoom/Meets/Skype) et me sentir bien dans ma peau. Résultat : j'ai gagné des heures pour me concentrer sur ce qui me faisait vraiment du bien. Quand mon boss a rappelé tout le monde au bureau, j'avais réussi à prendre pas mal de hauteur et à me dire que je ne voulais plus ça pour moi. J'ai fini par créer mon propre cabinet d'expertise-comptable. Aujourd'hui, je ne m'impose pas d'être hyper-apprêtée pour mes clients. J'ai gagné du temps de vie et aussi un sentiment de reconnaissance. On m'engage parce que je suis ultra-compétente. Pas parce que je rentre dans du 36 (en vrai du 42, et c'est OK !).

Yes, Charlotte ! Il faut en finir avec ces vieilles exigences pro selon lesquelles les femmes doivent tout faire, quitte à se réveiller plus tôt le matin, pour être « présentables ». Ou alors, il faudrait imposer que l'on répercute ça sur nos fiches de paie, parce que c'est un vrai boulot exigé de manière implicite, voire totalement explicite, comme c'est le cas dans l'aviation ou la vente. Payer des heures sup pour le « temps d'entretien obligatoire de la machine » : je suis sûre que ça dissuaderait bon nombre d'employeurs de mettre la pression sur leurs salariées pour qu'elles soient au top de leur physique en toutes circonstances ! Une autre piste ? Si on militait pour l'homogénéisation des standards, à savoir : demander autant au niveau esthétique aux hommes (musculation parfaite, pas de cernes, teint frais, cheveux impeccables), je pense qu'au bout de deux mois, ils manifesteraient dans la rue pour en demander moins aux femmes !

HEUREUSEMENT ÇA BOUGE !

Vive le *body positive* !

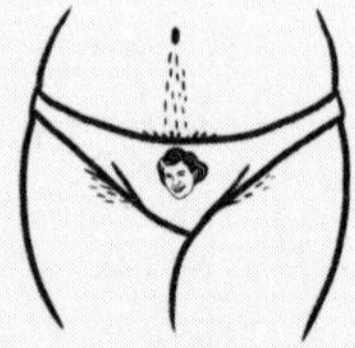

Dans ce marasme esthétique, il y a depuis quelques années des militantes qui font bouger les lignes, notamment avec le mouvement du *body positive*. Je constate que ces féministes n'hésitent pas à se montrer de plus en plus au naturel, à sortir sans maquillage (Pamela Anderson), à lutter contre les retouches photos systématiques de leur image (Kate Winslet), à retirer les filtres qui décrédibilisent leurs propos engagés #nofilter.

Tout converge dans leur combat vers le « écoutez ce que j'ai à dire » (mes idées, mes podcasts, mes revendications) plutôt que le « regardez comme je suis belle ».

Est-ce que ces femmes extraordinaires qui font tout pour nous décomplexer réussiront à changer la société ? J'ai envie de croire qu'elles la feront au moins évoluer.

Mes recos *body positive* !

Le mouvement body positive a donné naissance à de très jolies initiatives. Voici mes coups de cœur (liste non exhaustive, bien sûr) !

- La série *Girls*, une petite révolution en soi ! Lena Dunham, l'actrice, scénariste et réalisatrice de la série se met en scène avec ses rondeurs, avec des scènes de sexe assez explicites. Elle assume complètement !
- Le site Liberté, Pilosité, Sororité (https://collectiflps.net/), qui réalise des enquêtes et propose des soirées amicales entre femmes poilues.
- Le site graspolitique.fr, qui lutte contre la grossophobie et propose une liste de soignant·es bienveillant·es.
- Esther Calixte-Béa, @queen_esie, qui milite pour normaliser les poils.

Je me sens piégée

Si j'ai fait le deuil de la cambrure de Beyoncé, j'aimerais sortir définitivement de cette contrainte, de cette boucle infernale qui oblige à toujours être pimpée. Parfois, je me lance et j'arrête, par exemple, de teindre mes cheveux ou de me maquiller. Eh bien, j'ai immédiatement des commentaires sur mes racines, ou ma « petite mine » de la part de certaines personnes du métier. Ces commentaires ne sont pas malveillants, mais ils existent. Après chaque émission d'*Orgasmiq*, j'attendais avec impatience les retours sur mon contenu mais malheureusement la majorité d'entre eux portaient sur ma tenue, ma coiffure ou mon maquillage, et même s'ils étaient élogieux parce que j'ai un super staff technique, j'étais déçue que la forme prenne le pas sur le fond. Est-ce que pour Yann Barthès, c'est pareil ? Inutile de lui demander, je pense que j'ai ma réponse.
Plus j'y pense, plus ça me hérisse le poil (épilé parce qu'il le faut bien). Bref, j'ai décidé d'avoir à nouveau une conversation sérieuse avec le Temps !

Le Temps	Allo ?
Moi	Oui, c'est moi, serait-il possible d'avoir des journées de 35 heures ?
Le Temps	Des semaines, vous voulez dire, Martine Aubry ne l'a-t-elle pas déjà fait voter ?
Moi	Non, non, des journées, pour avoir le temps de satisfaire tout le monde !
Le Temps	…
Moi	En vous remerciant.

Les solutions que j'en ai tirées

Ce que j'ai appris jusqu'ici ?

- qu'on ne pouvait pas allonger nos journées (encore un coup de Chronos) ;
- qu'en réalité, les femmes ont tout un travail à faire pour s'affranchir des diktats de l'âge et savourer librement la quarantaine (guerre qui n'a rien à envier à celle de Don Quichotte et ses moulins) !

Ce n'est pas gagné, mais j'ai quand même décidé de tenter ma chance. Après ces débats entre amis, ces mises au point avec Jérem, ces analyses, j'ai mis en place ce petit programme en six étapes :

1. J'admets que je n'arrive pas toujours à sortir du moule, et c'est OK !

J'ai une profonde admiration pour toutes ces femmes qui parviennent à s'assumer dans leur corps comme il est, voire le montrer fièrement par militantisme (ou non d'ailleurs). Sauf que de mon côté, c'est plus compliqué, et ça dépend des jours... Au point où si j'avais un échange avec la cheffe du Body Positive, cela donnerait quelque chose comme ça :

La cheffe du Body Positive	Vous n'aviez pas dit que vous posteriez une photo sur Insta avec votre transpi de la moustache ?
Moi	J'ai pas eu le temps...
La cheffe du Body Positive	Oui, mais là vous perdez une occasion géniale d'assumer à 100 % qui vous êtes, c'est dommage ! Et puis arrêtez de vous habiller, votre pyjama doit faire partie intégrante de votre corps !

Moi Ah ! oui, je sais, je ferai mieux le mois prochain.

La cheffe du Body Positive Et vos poils ?

Moi Hein ?

La cheffe du Body Positive La photo de votre nombril avec vos poils tout noirs qui descendent, on avait dit ça aussi !

Moi Ça fait peut-être beaucoup d'un coup, non ?

La cheffe du Body Positive Bah non ! Faut pas se relâcher ! Assumez le gras ! Ne soyez pas complexée d'être décomplexée quoi ! #jefaiscequejeveux

Moi Vous ne trouvez pas que ça fait un peu « injonction » ?

Personnellement, à 40 ans, j'ai tellement internalisé les règles de la « bonne meuf », comme dit Virginie Despentes, que ça me coûte parfois plus de ne pas me maquiller que de me maquiller ! Si je fais un jour sans soutien-gorge, je vais y penser toute la semaine. C'est tellement compliqué d'aller à l'encontre de son éducation, de sa culture, de ses habitudes, de son environnement. Le *body neutral* est peut-être encore la solution la plus apaisante. C'est en tout cas ce que je me dis depuis que j'essaye de vivre pleinement ma quarantaine : mon corps, je le reconnais, mais je n'éprouve ni passion, ni dégoût à son égard ! Parfois, j'ai envie de le pimper de ouf, car je veux être visible, et parfois j'aimerais qu'on l'oublie au profit de mon esprit, alors je ne l'apprête pas ! J'aime la contradiction, et c'est mon droit !

Donc deux choses (qui peuvent être complémentaires) semblent bien me convenir :

- Je suis donc devenue adepte du *body neutral.*
- J'ai décidé de ne garder des injonctions au jeunisme que les moments agréables pour moi. Le maquillage, la coiffure, c'est l'équivalent de mon atelier céramique à moi, ça me détend donc je garde ! En revanche, j'ai zappé les régimes, talons aiguilles, string, épilation à la cire, bref tout ce qui me tend.

Et surtout, je le fais pour moi : vraiment pour me sentir bien, et moins dans un but de séduire. Je cherche juste à me plaire. Cela me donne de la confiance d'être fraîche et ça se voit ! Ça me donne envie de sautiller et de montrer mes aisselles comme dans la pub Narta des années 1990 !

2. Je suis Lady Gaga !

Vivre à Londres m'a beaucoup décomplexée, surtout lorsqu'il fallait choisir entre se maquiller la bouche ou les yeux, entre le décolleté ou la jupe courte ! Et si ce soir, je n'avais pas envie de choisir ? Si ce soir, j'étais une *Spice Girl* assumée, une Londonienne décomplexée, si j'osais le kitsch, le *too much* et même la « faute de goût », si je prenais de la place, si je riais fort, si je dansais sans me regarder ? Je vous conseille d'essayer, la liesse pourrait finir par vous gagner.
Le personnage de Martine interprété par Michèle Laroque dans *La Crise,* de Coline Serreau, disait : « Je suis vulgaire, tant mieux ! » La vulgarité est souvent associée au non-respect des codes vestimentaires et sociaux, mais la « désobéissance textile » n'a jamais tué personne. Au contraire, elle peut créer d'autres imaginaires. Alors osons invoquer la Lady Gaga en nous, brandissons-la avec fierté pour encourager les autres à faire pareil. Faisons péter la micro-jupe et assumons les couleurs !

POUR POURSUIVRE LA RÉFLEXION

Et si la beauté était un moyen de s'aligner ?

Il y a quelque temps de cela, je me suis plongée, tête la première, dans *Le Corps des femmes. La bataille de l'intime* (Points, 2021) de la philosophe Camille Froidevaux-Metterie. Son point de vue a conforté ce que je ressentais. Selon elle, les femmes ne font pas que « subir les diktats », elles décident aussi de s'apprêter par choix et par plaisir. Comme une comédienne qui aime mettre le costume du personnage pour bien l'incarner, la femme se pare et se prépare en fonction de son humeur du jour, et c'est fun[5]. Ce temps passé dans la salle de bains a, selon elle, plus de points communs avec l'être qu'avec le paraître, quelque chose qui renvoie à un projet de coïncidence à soi, où chacune cherche, chaque jour et à chaque moment de sa vie, à trouver la représentation d'elle-même en phase avec la femme qu'elle est à ce moment-là.

3. Je suis devenue adepte de la *queen attitude* !

Il y a quelques années, j'ai eu l'occasion de partager ma réflexion sur l'âgisme et mes questions existentielles avec ma partenaire de jeu, Valérie Bonneton, sur le tournage de *Fais pas ci, fais pas ça*. Elle m'a donné alors, je pense, un des conseils les plus précieux que j'aie reçus jusqu'ici : « Si tu ne mises pas tout sur ton physique, tu auras moins peur de vieillir. Si tu mises plus sur ta personnalité, ton énergie, ta drôlerie, tu n'auras jamais besoin d'être parfaite physiquement, puisque tu ne seras pas connue pour ça ! » Même si ça va à l'encontre de ce que nous impose cette société, je me suis dit que ça valait le coup d'essayer pour

5. « Camille Froidevaux-Metterie : "Quand est-ce que les femmes seront pleinement libres de leur corps ?" », *Sous le soleil de Platon*, France Inter, émission du 29 juillet 2024.

« diversifier mon portefeuille de compétences », pour parler le jargon capitaliste.

Grâce à elle, j'ai appris à aimer me transformer sur scène et à l'écran, et même à prendre un certain plaisir à m'enlaidir pour jouer des personnages. Quel bonheur de jouer avec son physique et ne plus le subir ! Clairement, le #winterbody est tout aussi libérateur que le style à l'anglaise !

C'est aussi après cet échange que j'ai décidé de me retrousser vraiment les manches et de cultiver ma singularité, mon petit truc unique. J'ai compris que chez moi, l'espièglerie, le charme et la bonne humeur sont ma beauté. Plus j'ai confiance en moi, plus on me dit que je suis belle, et plus on me dit que je suis belle, plus j'ai confiance en moi ! Sacré cercle vertueux !

C'est un doux mélange de détachement et d'affirmation de soi autrement que par son aspect physique. C'est une énergie branchée sur le mode *queen attitude*. Certains jours, j'avoue, je ne retrouve plus ma couronne à mettre sur ma tête, alors je perds un peu ma confiance, je fatigue un peu du catwalk, et je redescends de mon podium. À ce moment-là, il suffit que je me redemande ce qu'en penserait Beyoncé à ma place pour que l'envie de regrimper dessus me reprenne. Non, les 40 ne sont clairement pas cuites, et oui, elles sont bien visibles, la tête haute, les cheveux au vent et la poitrine bombée !

4. J'admire tous les défauts !

Après mon échange avec Valérie Bonneton, j'ai aussi décidé d'être plus indulgente envers moi-même et envers les autres femmes, et à force de modérer mes critiques, je crois que j'ai fini par aimer sincèrement les imperfections des autres, ou plus exactement je ne détaille pas et ne morcelle plus les parties du corps. J'observe les femmes dans leur ensemble et je perçois alors ce qu'elles dégagent. J'aime l'élégance de Charlotte Gainsbourg, le charisme de Meryl Streep, la présence magnétique d'Yseult, la liberté de Béatrice

Dalle, la fantaisie d'Isabelle Nanty, la drôlerie de Valérie Lemercier. J'aime aussi le nez de Barbra Streisand, les dents de Vanessa Paradis et le regard de Dalida ! Et j'apprécie de plus en plus chez moi l'asymétrie de mon visage, mes oreilles un peu décollées et mes petits yeux tombants. Je passe de moins en moins de temps devant mon miroir à me détailler, je m'éloigne de mon image pour aller chercher quelque chose de plus intérieur. Au lieu de penser à être jolie, je préfère penser à être libre, joyeuse, poétique ou drôle. D'ailleurs, misons là-dessus car, au moins, la liberté et la poésie sont des valeurs indémodables, impérissables, immuables !

5. Je m'inspire de Patti Smith

L'été dernier, j'ai eu une prise de conscience qui a tout changé ! J'ai eu la chance d'assister au concert de Patti Smith, cette légende de 76 ans. J'ai encore les larmes aux yeux devant tant de beauté. Cette femme d'un talent fou était là, sur cette grande scène, et jamais je ne me suis autant dit : « Qu'est-ce qu'elle est belle ! » en voyant une personne. Belle parce qu'elle était alignée avec elle-même, belle parce que paisible et sereine, belle parce que profonde et inspirante, belle parce qu'elle ne faisait qu'une avec la nature. « On est toutes et tous interconnecté·es », scandait-elle entre deux chansons.

Voilà, pour moi aujourd'hui c'est ça, la définition de la beauté : être en osmose avec les éléments, « parce que je le vaux bien ! » Plus tard, je serai Patti Smith, et grâce à elle, je n'ai (presque) plus peur de vieillir car, je la cite : *We have to be grateful for simply being alive* (« on doit être reconnaissant·es d'être simplement vivant·es »).

6. Je dis non à la nostalgie !

À 15, 25 ou 35 ans, je trouvais toujours que je n'étais pas assez ceci ou trop cela. Or, quand je regarde les photos ou vidéos de l'époque, aujourd'hui, je me dis que tout allait bien, que j'étais vraiment pas mal… Et je regrette un peu d'avoir mis tant de

temps à m'aimer comme je suis ! Stop ! Moi, femme de 40 ans (non je ne me présente pas à la présidentielle), il est grand temps que je commence à m'aimer !
Je le dois à la Moi du présent, mais aussi à celle du futur, celle de mes 50 ou 60 ou 70 ans qui se dira en regardant les photos d'aujourd'hui : « Qu'est-ce qu'elle nous a pompé l'air en se plaignant à 40 ans ! » Quarante ans, c'est le bel âge, l'âge où tu irradies, carrefour de ta beauté intérieure et de ta beauté extérieure, l'âge où tu peux encore te déplacer sans souci, l'âge où tu peux encore éternuer sans avoir à acheter des couches, l'âge où tout est encore possible. Ton corps est ton véhicule de vie, célèbre-le et honore-le pour toutes les joies qu'il t'apporte !
Pour résumer, je dirais que par respect pour mon Moi du futur, je m'engage à le dire chaque matin :
JE SUIS BELLE TELLE QUE JE SUIS ICI ET MAINTENANT,

- en baskets ou en talons,
- avec ou sans maquillage !

Et pour reprendre un fameux slogan de yaourt : ce qui est actif à l'intérieur, se voit à l'extérieur !

NOTE POUR PLUS TARD
Pssst, Moi ! Le jour où t'auras le moral dans les chaussettes, rappelle-toi ce qui s'est passé il y a quelques jours de cela, quand tu attendais ton verre dans un bar...

Un inconnu [qui au passage était agréable à regarder] :
Bonsoir. Je ne vous connais pas, mais vous avez l'air de quelqu'un d'important.

Ce soir-là, j'ai rougi. J'avais l'air de quelqu'un d'important ? Une musique a retenti au loin, « Wind of Change ». Je me suis sentie alignée, à ma place, une *queen* du bar, ma couronne en diamants sur la tête. Merci, Monsieur, je tâcherai de m'en souvenir à l'avenir, toujours par respect pour la femme ménopausée que je vais devenir.

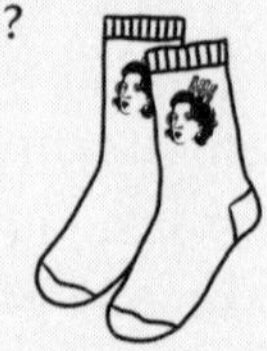

Épisode 3

Chaudes, mais pas cuites !

Un soir de pluie et de brouillard (juste pour la chanson), je dînais chez Jérem pour fêter l'achat du casque qui allait avec sa nouvelle moto (on trouve toujours une raison pour s'offrir un bon repas). Et une fois de plus, j'ai failli m'arracher les cheveux (aux racines apparentes) parce qu'il me sort :

Jérem Non mais toi, t'es carrément écolo en fait ! Même ton mec, tu l'entretiens, tu le retapes, tu le recycles, tu le restaures, mais t'en changes pas, quoi. Bravo ! Franchement, moi, je pourrais pas !

Moi Tu parles de mon mec ou de ma commode Louis XVI, là ?

Jérem De ton mec. Vous êtes mes héros, lui surtout ! Parce que bon, c'est rare pour un homme, cette constance, cette droiture. C'est vrai, je ne sais pas, faire l'amour avec LA MÊME PERSONNE DEPUIS VINGT ANS ! Franchement, bravo à lui !

Moi Il respecte juste le contrat.

Jérem Quel contrat ?

Moi « Le contrat de confiance » entre nous !

Jérem On dirait le slogan de la garantie de ta machine à laver Darty !

Moi Ben, c'est toi qui as commencé à comparer mon mec à un meuble.

Jérem Et c'est toujours *hot* entre vous ?

Moi Je ne vais pas te dire qu'on fait la brouette espagnole tous les quatre matins mais…

Jérem Stop ! trop de détails, là ! J'ai les images !

Moi … mais continuer à expérimenter ensemble, c'est beau, je trouve.

Jérem Non, mais lui, il m'épate, il est beau ton mec, il pourrait être avec toutes les petites jeunes avec qui il bosse, mais il reste avec toi !

Moi Tu veux lui donner une médaille ? Je te signale que pour moi, c'est pareil !

Jérem Ah ! non, c'est pas pareil.

Le désir à 40 ans, c'est quoi ?

Franchement, parfois je me demande si je serais encore amie avec Jérem si on n'avait pas passé toute notre adolescence à faire des parties endiablées de *Mario Kart* tout en dégommant des pots entiers de Häagen-Dazs (ceci n'est pas un placement de produit) car, selon lui, si je résume bien notre dernière conversation, mon homme devrait être panthéonisé pour avoir encore envie de moi après vingt ans ! Mais il est sérieux ? D'où sort l'idée que le désir masculin s'étiole forcément au fil des années ? Et pourquoi les femmes n'auraient-elles pas autant de mérite à avoir toujours envie ? Alors c'est quoi, le désir à 40 ans ? L'enquête de proximité continue.

Et ma recette de tiramisu, tu la veux ?

À fond dans ma mission, j'ai réveillé mon homme aux aurores dès le lendemain pour avoir son avis sur le désir à 40 ans. À bien y repenser, il était peut-être encore trop tôt. C'est ce que j'ai déduit quand il m'a dit : « Tu ne voudrais pas plutôt la recette de mon tiramisu ? » Et puis, il est sorti de la chambre pour aller se faire un café. C'est vrai que dans les couples, on est parfois sur deux registres différents, l'un plutôt profond et l'autre plus terre à terre. Mon mec n'alimente pas toujours mon récit avec des réflexions philosophiques poussées mais là, contre toute attente, il est revenu, prêt à développer un peu sa pensée.

Mon mec Le désir, selon moi, c'est d'abord la complicité qui l'allume. Tu titilles l'autre et tu vois si t'es sur la même longueur d'onde, si, sur un malentendu ou sur un « bien entendu » en l'occurrence, ça peut basculer sur le canapé.

Moi Ou sur le lit.

Mon mec Voilà, si ça marche aussi bien entre nous « au lit », c'est parce que ça marche bien « à la cuisine », genre moi, je m'occupe du tiramisu, et toi, tu prépares les tomates-mozza !

Moi On est dans le thème de l'Italie donc.

Mon mec C'est un savant mélange de partage des tâches, de respect, de confiance, de complicité, de liberté puis de retrouvailles autour d'un bon plat principal ! Un osso-buco peut-être, pour rester dans le thème !

Moi J'ai faim !

Mon mec Moi aussi ! Tu vois, on est connectés ! Et toi ?

Ma définition du désir

Et moi, qu'est-ce que j'en pensais ?

Moi C'est l'envie d'avoir envie !

Mon mec Merci Johnny !

C'est vrai que la définition de mon mec était intéressante mais il manquait, je trouve, cette force vitale qui donne du mouvement, une envie d'expérimenter avec tous mes sens, avec toutes mes sensations, mon corps et celui de l'autre, une envie de vivre l'autre l'espace d'un instant, de traverser cette tension avec lui, de l'embraser, de fusionner avec lui.

Alors à 40 ans, comment ça se passe ?

Ici je vais parler du désir féminin, trop tabou et beaucoup moins étudié que le désir masculin. Quand je pense que le premier clitoris n'a été correctement dessiné dans les livres scolaires qu'en 2018, je me dis que c'est comme si on n'avait pas pensé à mettre un ballon pour départager deux équipes de foot. Le désir féminin n'est clairement pas habitué au « je veux ça » et il a généralement besoin d'être créé à l'intérieur et d'être attisé par la connaissance de son corps et l'auto-érotisme avant de se tourner vers l'autre.

La Honte STOP ! la femme ne devrait pas désirer, ce n'est pas convenable ! Il faut cacher tout ça, sinon elle risque d'être traitée de…

Moi Femme conquérante ? Femme qui s'assume ? Ça vous fait honte ?

La Honte Mais je suis la Honte !

Moi Et si vous collez autant aux basques des femmes, c'est parce que…

La Honte Je sais pas, c'est comme ça depuis longtemps !

Moi Ça ne vous dirait pas de partir, mais genre très, très, très loin ! Genre, par exemple, au paradis des émotions ! Enfin en enfer plutôt ! Tenez, j'ai une idée : allez voir du côté des agresseurs parce que pour l'instant ils sont pas mal tranquilles.

La Honte Vous êtes bien impertinente ! Une femme ne peut pas se débarrasser de moi si facilement, elle a le devoir de se taire et d'être désirable, mais n'a pas le droit de désirer haut et fort. « Un jour mon prince viendra », ça vous dit quelque chose ? Alors tu t'assieds et tu l'attends !

Moi OK, la Honte me tutoie, maintenant ! Je vois que vous êtes restée bloquée en 1950. Allez, j'arrête de vous écouter, vous me faites honte !

C'est ça, la bonne nouvelle, à 40 ans, je n'écoute plus la Honte et j'assume mon désir sans culpabiliser.

Chambre à part, une idée de génie !

Pour désirer, il faut manquer de la chose.
C'est apparemment Platon qui disait cela. Le désir dans le couple reviendrait ainsi à prendre de l'espace pour soi, goûter au manque de l'autre, pour mieux y revenir. Ça m'a fait comprendre une chose essentielle : l'amour-scotch que j'avais avec mon mec depuis les débuts devait évoluer pour durer. Comme

nous étions inséparables, à tout faire ensemble, boulot compris, le désir n'avait plus de place pour exister.

Pendant le confinement, on a pris une grande décision : celle de faire chambre à part ! Et ça nous a fait un bien fou. Déjà je dormais mieux sans ronflements à côté, et en plus j'avais une chambre à moi, rien qu'à moi (Virginia Woolf avait raison !). On a même commencé à se manquer et à s'envoyer des petits textos l'un l'autre, des textos d'invitation, tantôt dans la chambre de l'un, tantôt dans la chambre de l'autre, à telle heure, avec tel mot de passe. Le désir commençait à pointer le bout de son nez à nouveau, et il a été très bien accueilli.

Après le confinement, mon mec a repris le chemin de la scène (il est comédien), et le désir a repris sa place d'avant. C'est émoustillant de voir briller l'être aimé sous les projecteurs et de le voir se réaliser dans son élément. Je le trouve encore plus beau, parce qu'il est dans l'indépendance, dans l'autosuffisance et qu'il n'a pas besoin de moi. Cette autonomie le rend sexy ! Et si je ne dois pas m'occuper de son bonheur, je peux me focaliser sur mon désir pour lui. (Une astuce pour les hommes qui me lisent : réalisez-vous dans ce que vous aimez faire !)

C'est peut-être ça, le secret du désir : trouver la bonne distance entre sécurité et liberté ! Entre ce besoin d'être rassurée, protégée par la fidélité de son partenaire et le besoin d'espace pour respirer. C'est un peu le dilemme de la hérissonne qui doit jauger au centimètre près à quelle distance se mettre de son partenaire. Si elle s'éloigne trop, elle risque d'avoir froid et si elle se colle trop, elle risque de se prendre les épines de son congénère ! « Qui s'y frotte s'y pique », c'est le cas de le dire !

Conserver une part d'intimité

La réalité de notre quotidien de quadra, c'est qu'on exige de notre partenaire qu'il ou elle soit à la fois notre meilleur·e ami·e, notre confident·e, notre pote de blagues, l'autre parent de nos enfants

et un·e très bel·le amant·e. Et c'est la meilleure façon de mettre tous nos espoirs dans une seule et même personne… Ne jamais mettre tous nos œufs dans le même panier.
Je m'explique : si j'ai passé ma matinée à remplir ma déclaration d'impôts avec mon homme, qu'on a passé du temps à écrire notre scénario puis, à 17 heures, à se relayer sur les devoirs du petit, le bain, le dîner et l'histoire qu'il faut inventer, on n'a pas vraiment envie de se sauter dessus à 22 heures. Le plus difficile, je pense, est de concilier la vie quotidienne et la vie amoureuse car si je reviens à la définition de Platon (« le désir, c'est manquer de la chose »), là, c'est carrément du vingt-quatre heures sur vingt-quatre en présentiel, sans soupape de décompression. J'imagine mal Thomas Pesquet à bord de l'ISS avec sa femme. Ça marche aussi pour Violette Dorange, la petite cadette des skippeuses (quoiqu'elle ait toujours l'option de balancer son partenaire par-dessus bord !).
Nous, on peut « claquer la porte » ou changer de pièce mais c'est pas mal de se dire que non, mon homme n'est pas mon unique ami, mon meilleur confident, ni mon seul collègue possible. Je peux trouver d'autres personnes ! Ça aère l'esprit !
Je peux alterner mes interlocuteurs pour le préserver de toutes mes angoisses, retrouver mon jardin secret, garder une part de pudeur et de mystère, en refusant de me promener nue dans l'appartement, en fermant bien la porte de la salle de bains, en racontant mes problèmes de transit à ma meilleure amie plutôt, etc. Bref, j'ai fait la part des choses, je me suis réservé des moments pour moi. Il a fallu qu'on ait 40 ans passés tous les deux pour nous déscotcher, et ça a été un véritable booster de désir chez nous.

Mon fantasme : mon mec dans *Point Break* !

La bonne distance, l'admiration, check ! Place maintenant au petit dernier : l'imagination (surtout après vingt ans). J'aime imaginer mon partenaire dans une situation qui peut le mettre en valeur, du genre surfant la vague de Biarritz ou plongeant tout bronzé dans la piscine pour aller sauver un enfant qui se noie, ou encore torse nu, en train de construire un orphelinat en Inde. Oui, mes fantasmes n'ont pas grand-chose à envier à un bon vieux film de Patrick Swayze !

À chacun sa définition du désir à 40 ans !

Pour respecter le protocole (peu scientifique) de mon enquête, je me suis tournée vers mes proches pour définir le désir dans le couple à 40 ans. Bon, résultats... ambivalents !

Mon mec : C'est un tiramisu.

Mon oncle : C'est la Gaule conquérante.

Jérem : C'est multiplier les partenaires pour créer du manque chez les autres.

Rachel : C'est penser à quelqu'un d'autre que son mari pendant l'acte, pour faire passer la pilule.

Iris : C'est avant tout se désirer soi-même !

Jade, ma copine taoïste : C'est le yin qui complète le yang ! C'est l'intimité alchimique et la sexualité consciente !

Mon père : C'est comprendre qu'il faut se comprendre, comprendre les besoins de l'autre et les respecter.

Ma mère : Comme disait Freud, c'est une attente qui doit être satisfaite. Tout désir est la nostalgie d'une étoile.

Ce que je constate tout de même avec ces réponses : chacun a peu ou prou sa définition du désir à 40 ans. Et cela n'a finalement rien d'étonnant. Après tout, il en va de même à 20 ou 30 ans et sûrement à 50 ou 60 ans. Ce qui est plutôt rassurant ici, c'est que, contrairement à ce que pense tout haut Jérem, le désir et la désirabilité de l'autre n'ont pas grand-chose à voir avec l'âge ! En revanche, en matière de désir, il me semble aujourd'hui qu'il ne suffit pas de bien s'entendre pour qu'il arrive ! Non, malheureusement certains couples qui s'entendent à merveille et qui sont autonomes ressentent une crise du désir. Alors pourquoi ?

Désire-toi toi-même !

Un podcast m'a un jour donné cette clé précieuse : *Les Artichauts*, et notamment l'épisode avec Esther Perel qui nous explique les mécanismes du désir[6]. Elle soulève un point si important. Pour vous la faire courte, elle dit que si une personne ne s'aime pas, si elle se dénigre en permanence, si elle n'a pas confiance en elle, si elle ne laisse pas la place à son énergie vitale, si elle bloque son désir, alors elle ne peut pas permettre à qui que ce soit d'extérieur de la désirer.

Le désir serait donc une question de confiance en soi (nom de Zeus !) et d'autorisation à aimer son corps, à le désirer pour laisser l'autre le désirer aussi (eurêka !). C'est un état d'esprit qui se prépare, qui s'accueille.

C'est vrai qu'avant de recevoir des invités chez soi, on se prépare, on range sa maison, on la nettoie, on cuisine, on crée une ambiance harmonieuse, un environnement qu'on estime chaleureux pour que l'autre se sente bien accueilli. Avant d'autoriser quelqu'un à entrer, il faut être disposée à recevoir, en toute détente. Avoir à disposition un brin de confiance, un zeste d'estime de soi, une bonne dose de respect pour déguster son *Sex on the bed* en toute tranquillité.

---

6. « Les mécanismes du désir avec Esther Perel », *Les Artichauts*, saison 1, épisode 1, 21 mars 2020.

Ainsi, le jeu, le voyage, l'aventure peuvent commencer. Car c'est bien ça, le plaisir, c'est l'invitation au voyage, à l'abandon, à la danse harmonieuse ensemble sur un chacha ou une rumba, bref un moment de symbiose avec l'autre, au même rythme, sans se marcher sur les pieds.

Jérem Alors là, première nouvelle ! Je pensais que le plaisir, c'était l'orgasme provoqué par la pénétration !

Moi Tu vois, tu as bien fait de t'asseoir et d'écouter !

Jérem Parce que moi, ma plus grande peur en vieillissant, c'était de ne plus pouvoir assurer, si tu vois ce que je veux dire. Alors que là, si je comprends bien, il n'y a pas de mal à sortir de la classique !

Moi On parle toujours de danse ?

Jérem Non la « classique », le script traditionnel quoi, la « PPE », comme on dit chez les connaisseurs : pipe, pénétration, éjaculation. Si ce n'est pas ça, le plaisir, alors comment faire « rejaillir le feu de l'ancien volcan qu'on croyait trop vieux » ?

Moi Tu cites Jacques Brel, maintenant ?

Jérem Je vais m'inscrire à la danse.

Moi Grand bien te fasse !

Jérem Je vais apprendre la salsa, la rumba et même le slow.

Moi Quelle motivation d'un coup !

Jérem Merci ma Ju, je ne me suis jamais senti aussi libre ! J'essaie, et je reviens tout te raconter.

Moi Si on parle toujours de danse, OK, sinon garde une part de mystère ! C'est bien, aussi, le mystère !

Les règles du jeu sont genrées

Je suis tellement satisfaite d'apprendre des trucs à Jérem ! Parce que sortir des scripts bien binaires libérera tous les genres, et il est grand temps ! Après tout, c'est à double sens, car lui m'a appris qu'il n'y avait pas forcément besoin d'amour romantique pour « danser ensemble », et que le plus important pour lui était le plaisir de sa partenaire. On m'aurait donc menti depuis le début ? Oui, amour et sexualité peuvent être dissociés et, oui, l'amour romantique est une bien belle arnaque pour contraindre les femmes à se comporter d'une façon « respectable » et à se contenter de situations loin d'être idéales, toujours avec le sourire.

« Les femmes ont clairement subi la sexualité pendant des siècles sans ressentir quoi que ce soit », nous rappelle la psy et thérapeute de couple Esther Perel. Pour donner le change, elles ont simulé souvent. Les femmes ont grandi avec l'idée qu'il fallait qu'elles soient la cause du plaisir de l'homme, et l'homme a grandi dans l'idée qu'il fallait qu'il satisfasse sa partenaire en étant performant et compétent !

On a donc, d'un côté, une femme qui surveille son poids et s'achète de la belle lingerie pour exciter son homme, et de l'autre, un homme qui se muscle pour être hyper acrobatique et fournir une prestation digne des JO en un temps record ! Alors que ce n'est pas ça qui nous importe !

La femme, elle, est angoissée à l'idée de perdre ses atours, et l'homme, de ne plus performer – ce qui arrange bien les vendeurs de Viagra ! Nos scripts sont à côté de ce qui nous plaît

vraiment – pour les deux genres – et d'un ennui sans nom ; si nous ne les changeons pas, nous allons finir seul·es ou chacun chez soi !
Si nous retrouvions une harmonie des genres, si nous construisions une nouvelle ère sans performance, sans figures imposées, sans contrainte de temps ni de quantité, juste de la confiance, de l'envie et surtout du dialogue. Et si l'envie n'est pas là, on ne se force pas et on analyse le besoin sous-jacent.
Tout l'inverse de ce qu'on a appris depuis l'adolescence, quoi !

Retour vers le passé : sous la couette, les rôles sont genrés depuis… l'invention de la couette !

Tu t'oublieras, ma fille ! C'est un peu ce qu'on a enseigné aux filles dès la puberté, certes pas en ces termes mais de manière insidieuse.
La métaphore de « l'escalator du *love* », vous la connaissez ? C'est un trajet en plusieurs étapes que les filles « bien » doivent respecter pour ne pas être traitées de filles faciles. (Alors que c'est formidable une fille facile, ça veut dire une fille qui est à l'aise avec ses désirs, c'est formidable pour elle et pour son partenaire, mais bon, passons, parce qu'apparemment nous aimons nous compliquer les choses !)

La première de la classe en couple, c'est moi !

Sur ce fameux escalator du love, j'ai intégré il y a bien longtemps qu'il y avait plusieurs marches qu'il fallait patiemment monter, sans les sauter, à savoir :

- le premier rendez-vous où il fallait plaire et se montrer souriante et en retenue, et minauder avec des regards en biais et des passages de mains dans les cheveux (je précise que « minauder » est un terme uniquement réservé aux filles) ;

- l'attente du fameux coup de fil/SMS pour un second *date* (rappelons-nous ici qu'on parle d'un temps que les moins de 20 ans ne peuvent pas connaître), parce que ce n'était « pas à moi de le faire » ;
- au bout de quelques rendez-vous, l'exploration charnelle de la relation ; à faire dans les règles de l'art pour que ce soit beau et romantique et surtout qu'il y ait de l'amour ; deux mots d'ordre : faire plaisir à l'autre et bien simuler pour rassurer son partenaire ;
- puis dormir ensemble, emménager ensemble, faire un enfant ensemble, puis deux, les élever ensemble, le tout en chantant la mélodie du bonheur.

Est-ce pour cela que je n'ai eu que deux amoureux dans ma vie ? J'ai la sensation, en tout cas, que je suis passée à côté de quelque chose ! Pas de conquêtes masculines, ça je ne regrette pas, mais plutôt de l'opportunité d'être vraiment moi-même et de suivre mon désir.

Culpabiliser d'être libérée ?

Est-ce que j'étais la seule à avoir ressenti ça, ce devoir de me restreindre et de devenir une héroïne romantique qui aime à la folie le même homme toute sa vie ? Je me souviens que certaines filles à la fac avaient l'air tellement libérées, tellement insouciantes, tellement légères (dans le bon sens du terme). Elles avaient l'air fières de suivre leurs envies et de collectionner les garçons, comme ma pote Iris à l'époque de notre année d'études à Montréal… Et pourtant, pourtant…

Iris Vous vous souvenez quand on était toutes les trois en échange à Montréal, j'y suis allée… à fond !

Moi Je m'en souviens un peu trop bien. J'étais dans la chambre d'à côté avec un mur fin comme du papier à cigarettes. Je confirme, tu en as bien profité, tant mieux pour toi !

Iris Pour être totalement honnête, pas vraiment, parce que j'étais dans ce truc de « c'est pas ce qu'il faut faire », « tu devrais être en train de chercher *the one* », etc.

Rachel & moi « Ce qui se passe à Montréal, reste à Montréal » !

Iris Je sais, les filles, mais je ressentais quand même une espèce de culpabilité quand je m'éclatais.

Rachel Remarque, moi, c'est pareil, je n'avais pas découvert mon corps et j'avais beau « y aller », je ne ressentais pas vraiment de plaisir. C'était juste histoire de le faire et surtout d'être reconnue par mon partenaire comme un bon coup ! Elles ont la peau dure, les injonctions intériorisées !

Moi J'ai rien loupé alors ?

Rachel T'as rien loupé ! En tout cas, à 40 ans, c'est clairement plus l'éclate qu'à 20 ans !

Quelle belle conclusion ! S'il y a bien une chose que j'ai notée noir sur blanc dans mon petit carnet d'enquêtrice, c'est qu'en matière de désir et de sexualité, les 40 ne sont carrément pas cuites. Au contraire, c'est l'âge où nous sommes nombreuses à nous libérer et à enfin jouir de nos propres ailes ! Vingt ans de pratique et d'expérimentation de nos corps, ça compte. Hourra ! J'aurais pu en rester là. Le problème, c'est que cette culpabilité de femme libérée me tracassait.

La Juliette des temps modernes

Il fallait que j'arrive à comprendre d'où venait ce rapport ambivalent au désir, et surtout quels effets cela pouvait avoir sur nous, quarantenaires. Clairement, nous n'en étions pas toutes au même point dans notre cheminement.

Arrêter de se mettre en couple à tout prix

Comme je le disais plus haut, dans les années 2000, il y avait les filles respectables qui se conformaient aux codes de l'amour romantique, et les autres, celles qui ne suivaient pas les règles de bien-pensance et qui collectionnaient les garçons, celles qui par conséquent étaient souvent traitées de tous les noms.
Je me suis donc rangée dans la catégorie des filles respectables, plus facile à assumer. À 20 ans, je rêvais de « rencontrer le bon », de me marier et d'avoir deux enfants. Le souhait de la réalisation personnelle n'est venu que vers mes 30 ans quand j'ai compris que personne d'autre que moi ne pouvait me rendre heureuse. Et quand je disais à mes copines que j'avais un amoureux, elles répondaient en chœur « félicitations ! » sans vraiment me demander si la chaussure que j'avais trouvée allait vraiment à mon pied ! Je rentrais dans le schéma social, le « scénario universel », je cochais toutes les cases du bon couple, donc c'était forcément signe que cela roulait. J'ai eu de la chance, je suis bien tombée. Je ne peux pas en dire autant de toutes mes amies !
A contrario, mes amis mecs me rappellent souvent à quel point ils ont plutôt été élevés dans une certaine désinvolture. Le plus important étant d'être intégrés dans le « boys' club » et pour cela de collectionner les conquêtes, de devoir afficher un « tableau de chasse » considérable plutôt que de trouver *the one* !

Et si on réécrivait *Roméo et Juliette*, Monsieur Shakespeare ?

Je résumerais donc cette équation relationnelle de la manière suivante :

1. Juliette doit se consacrer à Roméo, mais Roméo peut regarder autour de Juliette !
2. Juliette ne doit ni être coincée, ni salope ! Roméo fait ce qu'il veut !
3. Juliette doit être raisonnable et exclusive ! Roméo doit profiter de sa jeunesse.
4. Juliette n'a pas non plus le droit d'être célibataire, sinon elle sera « incomplète ou défectueuse ». Roméo lui, peut papillonner, et ça fait de lui un don Juan (mais ça, c'est encore une autre histoire encore plus patriarcale) !

POUR ALLER PLUS LOIN

Et si on en finissait avec les *bad boys* ?

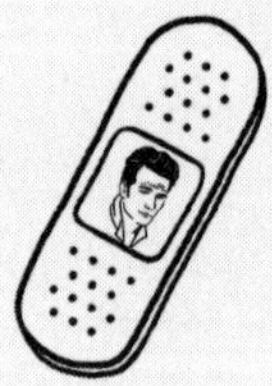

Dans une relation, on est deux (ou plus, mais ça, on en reparlera). On pourrait croire que le bon partenaire peut nous aider, au fil des années, à sortir de ces carcans de la sexualité, centré sur le plaisir masculin. Sauf que voilà, nous avons aussi grandi dans une société qui ne nous apprenait pas à choisir « le bon » (alors que paradoxalement, il fallait trouver celui qui allait nous accompagner pour toujours). Normal quand on a grandi dans une culture érotisant les *bad guys*. Je me souviens des heures passées avec mes amies à regarder *Beverly Hills 90210*, et toutes préféraient Dylan à Brandon, jugé trop gentil, trop lisse. Nous aussi avons toutes été bercées par des histoires d'amour ouf où le héros dont la fille tombe amoureuse est violent, ou pire la tue, « parce qu'il l'aime » (coucou Quentin Tarantino et son *Kill Bill* !)

Je vois aujourd'hui que certaines de mes amies ont fait les frais de cet amalgame entre désirabilité et violence. Elles ont longtemps partagé leur intimité avec des partenaires qui n'étaient pas pétris

de bonnes intentions, et cela sans que personne ne s'en soucie réellement. C'est fou les horreurs qui finissent par s'inscrire dans notre normalité[7].
Alors que si nous apprenions à écouter les signes avant-coureurs, du genre « Je sens des énergies négatives, je suis pas bien avec, il y a un truc qui me dérange, il me rabaisse et n'est jamais content de ce qu'il m'arrive de positif », on pourrait se dire à ce moment-là : STOP, et éviter bien des dégâts !

La levrette, c'est dans la tête !

Comme pour les diktats de la beauté, j'ai l'impression que je sors à peine de la matrice, que pendant toute cette première période de ma vie, je ne me suis pas vraiment posé la question de ce que je voulais moi, et plus particulièrement de mon désir. En fait, j'ai évolué pendant des années dans un monde de séduction (mais tout en retenue), de posture, celle de la « bonne meuf », comme le dit si bien Virginie Despentes, une fille sur la réserve, qui sait se contenir, « se respecter » et qui faisait un peu semblant de ressentir pour faire plaisir, mais pas trop pour ne pas être gênante.
Sur le plateau d'*Orgasmiq*, mon amie Noémie de Lattre exprimait clairement que le problème venait du fait que le patriarcat a colonisé nos fantasmes. Qu'on rêve de choses par « habitude » sans se poser la véritable question du plaisir. Elle racontait par exemple être en demande de levrette alors qu'elle n'a aucune chance de jouir dans cette position. Selon elle, les femmes devraient arrêter la simulation et dire enfin la vérité aux hommes. Ne plus faire plaisir pour jouir ! Et les autres, elles en pensent quoi ? Évidemment, je suis allée en parler aux copines…

7. Si vous êtes intéressé·e par la question, je vous recommande le livre de Chloé Thibaud, *Désirer la violence. Ce(ux) que la pop culture nous apprend à aimer*, Les Insolentes, 2024.

Rachel Bien sûr, je suis programmée pour penser au désir de mon mec avant le mien...

Iris Et encore, notre génération est mieux lotie que celle de nos mères ! J'ai l'impression qu'à leur époque, leur revendication de soixante-huitardes était plus d'être libres de coucher sans procréer et moins de coucher pour prendre son pied. Mais le plaisir féminin n'était pas le mot d'ordre numéro un !

Rachel En fait, ce qui change, c'est que nous sommes la première génération qui commence à se poser la question ouvertement !

Moi C'est vrai qu'on a encore grandi avec cette priorité du plaisir masculin. Rappelez-vous quand on lisait *Jeune et jolie* ou *Entrevue*, on avait droit à des articles du genre « Comment être un bon coup pour ne pas se faire larguer ? » Vous vous souvenez avoir lu des articles sur le plaisir féminin, vous ?

Rachel C'est sûr qu'on n'a jamais eu : « Le clito, c'est magique ! Comment lui indiquer sa localisation ? »

Iris Ça aurait été un bon jeu, ça, une variante de *Où est Charlie ?* : « Où est Clito ? » avec un petit bonnet et un pull rayé rouge et blanc !

Rachel Ou un article sur le plaisir au féminin en mode « passez-vous de monsieur, vous avez un bien meilleur sens de l'orientation ».

Iris Ou « L'Homme vs Womanizer : le match ! »

Moi C'est chouette qu'on arrive à aborder tous ces sujets à 40 ans, ça remet du baume au cœur !

Iris Et pas qu'au cœur !

Bilan des courses (ou plutôt de l'apéro) : notre génération de quarantenaires semble bel et bien encore cette génération sandwich, le cul entre deux chaises, biberonnée aux injonctions en matière d'intimité, mais cependant en voie de libération. En tout cas, le point positif de cette discussion, c'est qu'il n'y avait là plus de tabou.

La sexualité à 40 ans : une charge mentale aussi

Cette pression à la performance, je l'ai d'ailleurs complètement internalisée. Le coupable : mon double coquin. Ce double, c'est celui qui se compare, qui lit des statistiques, qui compte. Il correspond à une idée de ce que devrait être ma sexualité de quarantenaire épanouie. Il m'en demande donc évidemment beaucoup trop ! Laissez-moi vous le présenter.

Mon double coquin Quoi ? Tu t'endors déjà ?

Moi Ben quoi, il est 22 heures !

Mon double coquin Je te rappelle que ça fait une semaine qu'il ne s'est RIEN passé !

Moi Et alors ?

Mon double coquin Il a intérêt à te sauter dessus ce soir ! T'as pas bossé les fessiers pour rien, ma vieille !

Moi	Et s'il ne le fait pas ?
Mon double coquin	Ben, tu le fais toi !
Moi	Et si j'ai pas envie ?
Mon double coquin	L'appétit vient en mangeant, ma chérie.
Moi	Quand c'est un chef étoilé, pourquoi pas, mais là…
Mon double coquin	Mais t'as pas 60 ans, il faut passer à l'action, là. On s'ennuie, on se croirait dans un film d'auteur français !
Moi	C'est ce que je préfère au cinéma, justement.
Mon double coquin	Mais regarde tes copines, elles le font plusieurs fois par semaine, leur couple est en bien meilleure santé !
Moi	Parmi mes amies, il y a pas mal de célibataires et de divorcées, donc forcément quand tu changes de pays toutes les semaines (ou tous les mois, voire semestres), t'as envie de découvrir !
Mon double coquin	Et le voyage intérieur, alors ?

Mon double coquin reçoit toujours un accueil plus ou moins chaleureux de la part de mon conjoint, car attention (roulement de tambour, musique à suspense) : non, les hommes n'ont

pas toujours envie, surtout en phase de digestion d'une bonne raclette hivernale !
Cela étant dit, quand je le sens poindre en moi, je prends de plein fouet ces fameux paradoxes de la génération sandwich. La preuve :

- d'un côté, je reste toujours en prise avec mon syndrome de meilleure élève du love, à savoir, être sur la réserve comme le voudrait mon éducation judéo-chrétienne ;
- de l'autre, je subis tout autant la pression d'une société hypersexualisée, où l'on ressent très fortement ce devoir de jouissance pour les deux genres – vous savez, le nouveau mantra « Si t'as pas joui, t'es fini ! » ;
- au centre, je me confronte à la réalité du terrain : à savoir le quotidien et les *to-do lists* à rallonge (même côté intimité) qui viennent court-circuiter la fameuse bande passante cérébrale.

50 nuances de charges genrées...

Ces *to-do lists* à rallonge portent d'ailleurs un nom : la charge sexuelle (qui englobe la charge contraceptive). Concrètement, qui prépare des petits moments ou week-ends en amoureux ? Qui achète des livres pour éviter les conflits et ne pas se faire déborder par le train-train de la vie conjugale ? Qui dépense cent euros chez le psy chaque semaine pour travailler sur soi et ne pas projeter ses névroses sur l'autre ? Qui débourse trente euros par mois pour une pilule non remboursée ? Sans parler de l'entretien journalier sur lequel je ne reviendrai pas. Ces questions sont évidemment rhétoriques : et pour répondre, c'est bien trop souvent la femme qui s'y colle. En tout cas, c'est le cas chez moi. Pour valider mon intuition, j'ai fini par aborder la question avec mon amie Claire. Elle a ouvert les vannes.

Moi Les femmes, les femmes, femmes !

Claire Oui, et plutôt trois fois qu'une ! Moi, j'ai toujours pris la pilule. Et le jour où j'ai voulu arrêter parce que j'avais des migraines carabinées et des boutons à faire pâlir mon ado, mon mec de l'époque a paniqué : « Mais faudra remettre des capotes ? J'aime pas ça ! » Bah oui, parce que moi, la pilule, les migraines et les pustules, c'est mes petits bonheurs quotidiens.

Moi C'est sûr que l'accès à la pilule a libéré les hommes aussi ! Sans qu'ils aient à la prendre. Quant à la pilule masculine, elle a été retirée du marché à un moment parce qu'il y avait des effets indésirables, comme la nôtre.

Claire Bonjour le double standard. Pour nous, c'est pas grand-chose, mais pour eux, c'est Hiroshima dans leur corps.

Moi Je ne comprends pas, si j'étais un homme, je voudrais avoir un peu de contrôle sur ma descendance.

Claire C'est bizarre d'autant déléguer tes choix, genre même les escapades à deux, les vacances, le choix du restau…

Moi Ça décharge l'esprit !

Claire C'est sûr que mon mec était loin du burn out du love tout en profitant de prestations VIP *all inclusive* : l'épilation kiwi, la nouvelle lingerie, le week-end romantique que j'organisais de A à Z, le sextoy surprise livré en Chronopost. J'allais même jusqu'à laisser des mots doux dans ses poches. Mais lui ? RIEN. Ah ! si, il était présent… et évidemment crevé ! Franchement, j'étais dépitée : je pensais qu'à partir du moment où nous allions avoir l'occasion de nous retrouver plus souvent sans les enfants, il serait plus motivé. Mais non, toujours fatigué.

Moi Ils ne sont pas fatigués d'être constamment fatigués ?

Claire En tout cas, à 45 ans, j'ai fait grève. J'ai commencé à refuser d'être l'unique moteur de notre désir. Aujourd'hui, si mon mec est en mode « indisponible » pour un effort, je passe en mode « abstinence » sans problème en guise de protestation. C'est politique et pratique : ça me laisse du temps pour moi, et je peux te dire que je suis beaucoup plus inventive quand je me fais plaisir toute seule, si tu vois ce que je veux dire…

Moi Je crois que c'est très clair, Claire.

Ce que Claire réclame derrière tout ça, ce sont des preuves d'amour. Elle a certainement besoin d'être rassurée, sécurisée. Elle voudrait voir des actions concrètes de la part de son partenaire, qui lui feraient penser qu'il tient encore à elle. ET ACHETER DE LA LINGERIE N'EST À MON AVIS PAS LA SOLUTION, ma Claire, mais je vais essayer de chercher avec toi d'autres pistes plus profondes.

Date limite du désir : 40 ans (FAUX !!!)

Depuis que j'ai rejoint le club des quarantenaires, j'ai remarqué que l'âgisme ambiant était venu s'engouffrer jusque dans les chambres à coucher. Un exemple ? J'en ai des tas ! L'évocation d'une vie sexuelle forcément pantouflarde, voire carrément barbante (normal quand on est en milieu de vie), une baisse de libido pas vraiment étonnante (normal quand la préménopause nous guette) et l'assignation de « sexe vanille » (alors que c'est très bon, la vanille !)...

POUR ALLER PLUS LOIN

Quelques réflexions sur la sexualité à 40 ans

Entre la préparation des émissions *Orgasmiq* et mes lectures personnelles, j'ai eu l'occasion de découvrir quelques autrices passionnantes sur les questions de la sexualité et plus particulièrement celle des quarantenaires. Voici mes conseils de lecture !

L'âgisme même sous la couette !

Dans son livre *Le corps de femmes. La bataille de l'intime* (Points, 2021), la philosophe Camille Froidevaux-Metterie explique le phénomène d'âgisme qui toucherait aussi de plein fouet la sexualité. Pour elle, c'est à la quarantaine que les femmes se dirigent vers la fin de leur capacité procréative avec la préménopause. Or selon les codes du patriarcat, c'est aussi le moment où les femmes cessent d'être utiles (c'est bien connu, nous ne sommes là que pour enfanter) ! Et bien sûr, lesdits codes extrapolent cette inutilité à la vie sociale, mais aussi à la vie intime des femmes, dans leur désir et leur sexualité. Pendant longtemps dans notre société, les femmes mûres devaient absolument disparaître en tant que sujet d'action et de désir car il paraissait insupportable aux défenseurs du patriarcat d'imaginer la sexualité des « vieilles ».

40 ans, l'âge de la volupté

Évidemment, cette vision patriarcale de la sexualité ne tient pas debout ! Alain Héril, sexothérapeute, l'a rappelé dans ses nombreux ouvrages et son émission *Parlons peu, parlons sexe.* Selon lui, il y a sept âges de la vie sexuelle des femmes. Et entre 38 et 47 ans, la femme rentre dans la phase de la volupté : elle se connaît, est enfin alignée avec ses désirs, elle se libère et reconnecte avec sa féminité. Tout ça dans la joie et la jubilation ! Vive la sexualité libérée et joyeuse !

Et en pratique
Si vous avez envie de tordre sérieusement le cou aux idées reçues sur la sexualité à 40 ans et plus, je vous recommande chaudement *Il n'y a pas d'âge pour jouir* (Larousse, 2020) de la psychanalyste Catherine Grangeard. Un petit bijou !

Et le couple dans tout cela ?

La relation, cela m'intéresse tout autant que le désir. En ce qui concerne le couple traditionnel, j'ai un bac + 20 avec mention « très honorable » mais inutile de parler de ce modèle vu et revu dans les films (*boring*) ! Parlons des autres manières de relationner, beaucoup moins (ou mal) représentées dans la pop culture. Pour cela, j'ai interrogé la personne de mon entourage appropriée à chaque catégorie relationnelle.

Relationner avec soi-même !

Si pour mon pote Jérem, c'est plutôt cool d'être célibataire à 40 ans, tel un Indiana Jones ou un James Bond 2.0, je constate quand même chez mes copines encore et toujours un vent de compassion, voire de pitié, qui semble souffler dans leur direction. Alors oui, certaines femmes souffrent du célibat et de la galère des mamans solo. Ces héroïnes du quotidien sont encore malheureusement trop présentes à cause des problèmes financiers et de l'overdose de la charge mentale. Je pense à Erin Brockovich, seule contre tous, mais serait-elle forcément plus heureuse en couple ? Ça, c'est pas gagné. Pareil pour Bridget Jones, dont la seule quête est de retrouver un homme et une nounou car seule avec deux enfants, elle ne s'en sort pas.
Et si nous changions de perspective ? Une célibataire n'est pas forcément une Bridget Jones, mais peut-être une Reine des Neiges ou une Barbie (dans la version film) qui se sent bien mieux seule

qu'accompagnée ! Elle peut complètement se satisfaire d'elle-même, être heureuse sans un·e partenaire pour la sauver.
« *I can buy myself flowers* », chantait Miley Cyrus, et elle avait bien raison ! Le but d'une vie n'est pas (forcément) de se mettre en couple. Il peut être de se réaliser, de gravir l'Everest ou de remplir le Stade de France avec ses talents de magicienne ou d'influenceuse tricot ! Le temps qu'on ne perd pas à chercher l'autre, c'est du temps gagné pour se trouver ! C'est mathématique. C'est ma pote Iris qui me l'a dit !

Iris Être célibataire, c'est aussi avoir la liberté de faire ce qu'on veut, à l'heure qu'on veut, sans concession, sans pression, parce que ce n'est pas ton chat qui va te demander avec qui tu es sortie danser et combien de grammes tu as dans le sang !

Rachel S'il te le demande, ça indique que tu frôles le coma éthylique ! Mais c'est vrai que t'as l'air bien plus épanouie que nous, comment tu fais ?

Iris Je vais en soirée sexe-po[8]... Ça me détend de ouf, j'ai rencontré plein de copines !

Rachel On n'a pas passé la même soirée ! Moi j'avais ma belle-mère à dîner. Elle n'a pas pu s'empêcher de me donner des cours d'éducation, du genre comment faire manger des légumes à mon fils.

Iris De toute façon, même si je retrouvais quelqu'un maintenant, j'opterais pour le célicouple. J'ai trop pris mes habitudes. Comme ça, chacun garde son appart, et plus de problèmes !

---

8. Voir p. 117.

Célicouple : un mix des deux !

Selon Iris, ne pas vivre ensemble quand on est en couple peut avoir plein d'avantages :

- on choisit les moments où on se voit ;
- on maintient le désir intact grâce à la distance ;
- on limite la charge mentale commune ;
- on limite aussi l'usure du couple : moins de routine, moins d'exaspération ;
- les habitudes de vie sont préservées ;
- on peut protéger plus facilement le noyau familial/les enfants d'une précédente union, si on le désire.

À ce stade, vous aurez compris qu'Iris est une convaincue. Elle a d'ailleurs fini notre conversation en mode militante, en affirmant : « Le célicouple peut éviter un deuxième divorce. » Et puis si on n'a pas les moyens, avoir une « chambre à soi », comme je l'ai évoqué plus haut, est déjà une jolie solution.
Toutefois, tout le monde n'a pas l'envie ou la possibilité d'opter pour ce type de relation. Chacun se lie selon sa convenance ! Cela étant dit, il y a une chose que je trouve hyper positive dans la promo d'Iris : j'ai la sensation qu'aujourd'hui nous nous libérons beaucoup plus facilement du modèle de couple dans lequel nous avons souvent été élevé·es. À 40 ans, et à ce stade de ma réflexion, je vois autour de moi de nombreuses femmes réinventer leurs relations pour trouver l'équilibre qui leur convient (enfin) vraiment. Peut-être est-ce aussi parce que nous avons introduit cette notion de désir et que nous avons changé de perspective sur le divorce ou la séparation…

Vous êtes officiellement invitée au divorce de Rachel & Jean-Mich

En tout cas, quelques mois après notre apéro « investigation couple », ma copine Rachel a jeté l'éponge avec soulagement, voire avec le sourire. Peut-être un peu trop, mais qui sommes-nous pour juger ?

Rachel Les filles, j'ai un heureux événement à fêter !

Iris Tu divorces ?

Rachel Oui, j'ai sauté le pas et il a dit oui ! Je reprends ma place et le pouvoir sur mon existence ! CHAMPAGNE !

Iris Bienvenue au club des « disponibles, mais les créneaux sont limités » !

Rachel J'en pouvais plus ! « Libérée, délivrée », je suis ! De lui, et de ma belle-mère surtout ! Une nouvelle vie commence.

Iris Génial, et tu vas faire une fête ?

Rachel Avec Jean-Mich, on avait dit qu'on essayerait de l'organiser ensemble, mais on n'est pas d'accord !

Iris C'est peut-être pour ça que vous divorcez !

Rachel Ah ! non, tout est *smooth* entre nous : on se sépare « à l'amiable », on garde les enfants en alternance. Même sur la pension alimentaire, il n'y a pas eu de débat. On a réussi notre fin, propre, *clean*, *green*, éco-friendly ! C'est seulement sur l'organisation de la fête qu'on n'est pas d'accord : il veut absolument du foie gras, et la majorité de mes potes sont véganes.

Moi C'est vrai que le plus éco-friendly des deux, c'est bien toi ! Écoute, j'ai une idée : vous faites deux fêtes, une pour tes amis véganes, et une pour les autres, et je viens deux fois !

Iris C'est pas bête, ça te préparera à faire tout en double comme ça !

POUR ALLER PLUS LOIN

Et si on en finissait avec les idées reçues sur le divorce ?

J'ai souvent l'impression qu'on résume le divorce à la crise de la quarantaine : en mode « Yolo, c'est le milieu de ma life, je me débarrasse de ce qui ne convient pas y compris de mon partenaire. »

En réalité, je me suis penchée sur les chiffres de l'Insee et du ministère de la Justice dans le cadre de mon enquête et j'ai appris des choses très intéressantes :

- Certes, un mariage sur deux ou presque finit en divorce, mais ils sont en baisse constante depuis 2005 (-15 %). C'est simple, on n'a jamais aussi peu divorcé depuis les années 1990. A contrario, le nombre de mariages, lui, reste stable depuis trente ans.
- Certes, l'âge moyen du divorce est d'environ 46 ans (contre 43 en 2010), mais on se marie aussi de plus en plus tard, à 36 ans en moyenne pour les femmes, 38 pour les hommes.
- On passe de moins en moins devant le juge pour divorcer, notamment depuis l'instauration en 2017 du divorce par consentement mutuel devant le notaire. Bref, divorcer, c'est aussi beaucoup plus simple, et ça, c'est une bonne nouvelle, surtout pour Rachel !

Je mentirais si je disais que la fêtarde en moi n'était pas absolument ravie d'avoir deux fêtes plutôt qu'une pour le divorce de Rachel. Mais ce qui m'a réjouie encore plus, c'était bien de voir qu'une certaine sérénité, voire légèreté, pouvait s'inviter même à l'heure de la séparation ! Il faut dire que Rachel nous a aussi avoué l'infidélité de son mari, c'était la goutte d'eau qui avait fait déborder le vase. En faisant des recherches, elle a réalisé ô combien c'était banal, puisque l'infidélité touche 45 % des hommes et 37 % des femmes (c'est beaucoup !), mais elle n'avait pas le cœur à pardonner, c'est tout. Je pense qu'elle a pris la décision la plus alignée avec ses valeurs, d'où ma complicité et mon envie de fêter ça avec elle.
Loin de moi l'idée d'affirmer que le divorce est facile. C'est toujours compliqué de dire au revoir à tout un pan de son histoire personnelle. Et loin de moi l'idée de minimiser le chagrin d'amour et le temps nécessaire pour faire son deuil ! Encore Chronos qui se positionne en sauveur ! Mais j'ai vraiment la sensation que nous sommes la première génération à ne plus subir le poids des injonctions autour du mariage… Et que ce n'est plus un échec de divorcer. Ce n'est plus « anormal » de se quitter. La prise en compte du désir dans le couple fait que l'on ne reste que très rarement avec le ou la même partenaire toute notre vie ; on reste monogames mais par tranche de vie, donc à l'échelle d'une vie, nous pouvons nous définir comme polygames, non ? Quoi qu'il en soit, mieux vaut vivre plusieurs amours en cohérence que de se forcer à rester.

Jérem Stop ! Moi, avec mon divorce, je me sens lésé. On dit souvent une de perdue, dix de retrouvées mais c'est faux, on ne répare pas un chagrin d'amour avec un gang bang !

Moi Amis de la poésie, bonsoir !

Jérem J'ai tout perdu. J'ai perdu en qualité de vie, je ne sais plus rien faire sans elle et je me rends compte seulement maintenant qu'elle gérait TOUT à la maison, pour moi, pour les enfants ! J'ai réalisé que les gens les plus heureux sont les hommes mariés et les femmes célibataires !

Moi Attention, tu vas finir par devenir féministe !

Jérem Tu crois pas si bien dire, j'ai changé ma bio Tinder. J'ai mis : « homme féministe ».

Moi C'est bien, ça !

Jérem Ça cartonne encore mieux que les papas au parc ! Elles adorent ça, les gonzesses !

Moi Mouais, si tu veux mon avis c'est sur Leboncoin que tu devrais t'inscrire, avec en bio : homme de seconde main, petits travaux de déconstruction à prévoir !

Les relations en 2025, comment elles évoluent ?

OK, les couples tradi, les célib', les divorces, ça, on connaît bien, c'est très millennials, mais il est temps que je m'entretienne avec la génération d'après si je veux vivre avec mon temps et comprendre de nouvelles choses, vu que c'est ma passion dans la vie de remettre en question mes acquis pour pouvoir évoluer ! Je me suis donc rendue à un apéro dînatoire chez Gina, ma petite-cousine de 22 ans, qui n'a pas connu la Coupe du monde 1998 !

Moi Donc tu es bisexuelle.

Gina PAN !

Moi Quoi « pan » ? Quel « Pan » ? Peter Pan ou Panpan le lapin ?

Gina Non pansexuelle, tata, fais un effort, c'est grave gênant là !

Moi Mais je connais très bien PANsexuelle, qu'est-ce que tu crois ?

Gina C'est une dinguerie !

Moi Juste, tu peux me redire quelle est la différence avec bisexuelle ?

Gina Lol ! La différence, c'est que je peux tomber amoureuse aussi bien d'une personne cis que trans, que non binaire. C'est inclusif, quoi, je n'exclus personne.

Moi C'est généreux de ta part.

Gina C'est plus satisfaisant, tu sais, d'être open.

Moi Et elle s'appelle comment ?

Gina Laquelle ?

Moi Parce que vous êtes plus de deux ?

Gina Ben oui, tata !

Moi Évidemment, c'est plus convivial, pourquoi se limiter !

Gina En ce moment on est cinq, parce Pauline vient de me présenter Raph.

Moi Ça fait juste du monde au petit déj'.

Gina Un peu comme du temps de mamie, à Woodstock !

Moi En fait, y a que ma génération qui est un peu trop exclusive…

Gina Un peu vanille, c'est clair !

Moi MAIS C'EST SUPER, LA VANILLE, AUSSI !

Gina T'énerve pas ! Je dis juste que pour moi, l'amour, ça ne se limite pas au couple conventionnel. C'est comme en amitié, tu n'as pas qu'un ami, tu ouvres ton cercle, tu partages.

Moi Tant que tout le monde est d'accord, il faut juste ne pas se brouiller, quoi !

Gina Si tu te brouilles, c'est pas grave. T'es aussi bien toute seule !

Moi Pour faire l'amour ?

Gina Oui tata, la masturbation n'est pas une sexualité secondaire ou de dépit. C'est mystique, tu vois !

Moi Mais je le sais bien !

Gina Et au passage, le plaisir ne dépend pas uniquement de la pénétration, ni de la conjugalité hétéro. On est autonome désormais !

Moi « Au passage », je le savais, tu sais, je suis bien plus open que tu ne le crois !

Gina Super, alors tu es bientôt prête pour que je t'emmène en soirée sexe-po, BDSM ou tantrique ?

Moi Jamais en famille, ma Gina, open oui, mais avec des principes tout de même !

POUR ALLER PLUS LOIN

Quelques chiffres qui montrent une évolution positive...

En matière de sexualité, les lignes bougent, et Gina en est une des incarnations. Au cours de mon enquête, les résultats de la nouvelle édition de l'étude du CNRS-ANRS « Contexte des sexualités en France » sont parus et ils pointent clairement vers plus de fluidité et de connaissances en matière de sexualité. J'y ai notamment découvert que, certes, les Français faisaient un peu moins l'amour, mais que le plaisir et la satisfaction étaient plus d'actualité. Voici quelques chouettes chiffres !

- 72 % des femmes et 92 % des hommes de 18-69 ans déclarent avoir déjà pratiqué la masturbation, soit presque le double de 1992.
- 8,8 % des femmes et 8,9 % des hommes de 18-89 ans déclarent avoir eu au moins un·e partenaire du même sexe au cours de la vie.
- Plus d'une femme sur cinq (22,6 %) et un homme sur sept (14,5 %) ne sont pas strictement hétérosexuel·les, dans le sens où elles et ils rapportent soit une attirance, soit des pratiques, soit une identité qui n'est pas hétérosexuelle.
- 33 % des femmes et 46 % des hommes ont eu une expérience sexuelle en ligne avec une autre personne dans l'année.
- 56 % des femmes et 73 % des hommes restent actifs sexuellement entre 50 et 89 ans. Comme je vous le disais : « Sexe plus vieux... »

Pour toutes les quaranteraires qui n'ont pas de Gina dans leur famille, ou de pote célib' comme Iris, je précise que le « sexe positif » est une véritable institution, une culture presque politique du sexe libéré, avec un mot d'ordre : le consentement. Dans ces soirées, il y a, paraît-il, des ateliers sur le consentement, sur le périnée, sur les cinq sens, sur le BDSM avec des *angels* qui veillent à ce que les bonnes pratiques, le bien-être de chacun, et la bienveillance soient respectés. C'est la *positive attitude* du sexe ! En plus des questions d'orientation sexuelle, Gina m'a dit qu'elle échangeait beaucoup avec ses multiples partenaires sur le partage de la charge sexuelle et contraceptive. Ses amis commencent à parler de vasectomie ou se disent prêts à prendre la pilule masculine pour soulager leurs partenaires. Je me dis que l'égalité commence enfin à pointer le bout de son nez, et il était temps !

Vers plus d'harmonie feng shui !

Comme je ne suis pas certaine que toutes mes lectrices se reconnaissent dans cette version à plusieurs des relations, j'ai voulu poursuivre cette enquête avec mon amie Jade qui a un point de vue assez taoïste des rapports humains, histoire d'avoir encore une autre vision, disons moins occidentale, du désir.
Selon elle, il faut visualiser notre petit intérieur à nous pour comprendre ce qui nous émoustille. Ensuite on « secouera nos énergies en fonction, pour que tout soit bien feng shui » !
Jade me sert son thé matcha bio aux six senteurs de l'Himalaya. Elle commence sa cérémonie, allume trois-quatre bougies, nous embaume de sauge séchée, sort soudain son petit carnet fleuri (alors que c'est moi qui mène l'enquête) et commence son quiz.

Jade Qu'est ce qui te fait vibrer ? Est-ce : 1) une bonne conversation intellectuelle ; 2) une ambiance érotique ; 3) un moment de complicité et de rire ; ou 4) quand un ou plusieurs de tes sens sont titillés : le contact, le toucher, les mots doux, l'odeur, le visuel ?

Moi Tout !

(C'est à ce moment-là que je me suis rendu compte que j'avais du mal à faire des choix.)

Jade Qu'est-ce qui émoustille ton mec ? Quel est son schéma érotique, sa source, qu'est ce qui lui fait envie ?

(À cette deuxième question, je me suis aperçue que je connaissais mieux les goûts culinaires de mon homme que ses fantasmes ! Oui il aime le tiramisu, j'en suis certaine, mais pour le reste il fallait vraiment que je lui redemande.)

Jade Tu es plutôt yin ou yang ? et lui ? Car le plus feng shui est d'être en complémentarité pour ne pas être en rapport de force, tu comprends.

(Et là j'ai décidé qu'il était grand temps pour moi d'apprendre encore et de l'écouter religieusement.)

Jade On a tous des polarités différentes. Si tu es yin, tu vas plutôt avoir besoin de te connecter émotionnellement et mentalement pour avoir envie de faire l'amour, car ton désir passe par le cœur.

Moi …

Jade Alors qu'une personne yang se connecte naturellement à la sexualité, c'est une énergie plus directe, et les deux sont dans la nature, à elles de se reconnaître pour fusionner.

Moi Je bois tes paroles, ma Jade.

Jade Bois plutôt ton thé matcha aux senteurs de l'Himalaya, il refroidit. Plus tu le bois chaud, plus il stimule ta libido.

Vers plus de consentement !

Après ce moment d'apaisement avec Jade, il ne me restait plus que deux personnes à voir pour boucler ce chapitre : ma pote Élo et mon copain Francky.
Avec ma pote Élo, on a surtout parlé de consentement, vous savez, ce « nouveau concept » qui est arrivé avec le mouvement Metoo, un peu la même année que le « vrai » dessin du « vrai » clitoris. C'était décidément une grande année pour la femme !

Élo Depuis quelque temps, j'ai moins de libido, je me glisse juste le soir dans un gros pyjama en pilou-pilou fermé jusqu'au cou, pour que mon mec comprenne que je veux dormir. Sans succès, il me susurre des mots doux, et moi, je fais comme dans *Squid Game*, je ne bouge pas, mais il ne comprend pas, alors il continue.

Moi Ah ! la lourdeur ! Et si tu lui expliquais ?

Élo Je le connais, il essaierait de me convaincre avec une présentation PowerPoint que plus on le fait, plus on a envie de le faire, qu'il faut juste s'y mettre et que le désir revient ; qu'avant, on le faisait trois fois par semaine et que c'était l'apothéose, blablabla.

Moi Il lui faut une bonne séance d'apprentissage pour comprendre que ça ne sert à rien d'insister, de mettre la pression à l'autre, de le culpabiliser !

Élo Surtout que moi, en ce moment, j'ai besoin de parler avec lui, il rentre tard, on ne communique plus, il ne sait même pas ce que je traverse.

Moi Dis-lui que tu as besoin d'échanger, de te détendre dans la relation, de te sentir en communion, valorisée, écoutée, considérée, tu as peut-être besoin de rire davantage avec lui, de jouer davantage, de plus de connexion.

Élo Oui mais lui me dit que sa connexion passe par faire l'amour, il est très yang, tu sais !

Moi T'as vu Jade récemment ?

Élo Non, pourquoi ? Je le sens frustré, et moi ça me culpabilise.

Moi Stop ! alors là, je t'arrête tout de suite pour un petit encadré très, très, très important ! Attention, je suis en colère, là !

MON GROS RED FLAG !

Repousser votre partenaire parce que vous n'avez pas envie, c'est totalement OK, ça s'appelle « exprimer un non-consentement » !
Si votre partenaire s'énerve, c'est qu'il y a un souci. Qu'il fasse du chantage, qu'il insiste lourdement, ça c'est un gros *red flag*. Votre partenaire n'a rien à « obtenir », à « posséder ». Et le classique : « Les hommes ont des pulsions à assouvir » ne tient plus la route et on s'en réjouit !
Céder n'est pas consentir ! Vous n'êtes pas un dû, la sexualité n'est pas un dû ! Non ce n'est pas OK de « se forcer un peu » pour faire plaisir à l'autre ! Donc arrêtons la méconnaissance liée à des

siècles de patriarcat, finissons-en avec l'immaturité sexuelle et commençons à nous écouter, à nous comprendre pour une plus grande harmonie des genres ! *Namasté!*
Donc la base, c'est le consentement, et le consentement c'est dire oui, ressentir oui et en plus de ça en avoir vraiment envie !
La base, c'est de comprendre la différence de désir chez l'autre sans la juger, et de privilégier la communication, la compréhension et le respect de nos besoins sous-jacents et de nos limites !

Vers plus d'intelligence érotique

C'est basique : quand c'est non, c'est non, et quand c'est oui, c'est oui ! Si lui a plus besoin de faire l'amour, il peut se débrouiller tout seul, mais en attendant, les besoins d'Élo ne sont pas respectés, et lui, ça ne lui pose aucun problème ! Alors que s'il s'intéressait en premier aux besoins de sécurité et d'intimité de sa copine, elle aurait déjà plus envie de dégrafer un bouton de son pilou-pilou. Car non, le devoir conjugal n'existe pas et ce n'est pas parce qu'ils sont mariés qu'Élo doit un peu se forcer pour enclencher la machine. Gina était très « chokbar de bz » quand je lui ai raconté cette histoire, d'ailleurs. C'est une autre bonne évolution de la Gen Z, qui est bien plus sensibilisée au consentement et moins à tout minimiser ! C'est pour ça qu'ils font moins l'amour, c'est parce que les rapports sont davantage consentis ! Le faire moins mais mieux, moi je dis qu'on avance, on avance, on avance, c'est une évidence et tant pis pour les quelques paumés qu'on laisse sur le bord de la route et qui ne comprennent rien à notre époque ! On n'a pas à tout leur expliquer, les sources d'information sont à portée de clic ! Donc une bonne fois pour toutes, non, non, c'était pas mieux avant !
Chez la Gen Z, les femmes parlent de plus en plus de leur désir, elles sont davantage invitées à le faire, grâce aux podcasts, aux émissions, ce qui profite à toutes et tous. Avoir un mode d'emploi clair est toujours plus facile pour construire une belle relation. Savoir le lire

et le comprendre peut amener à de la nouveauté, à de nouvelles propositions un peu plus subversives ou étonnantes, à une belle cocréation qui dure dans le temps parce que mouvante et adaptable. C'est grâce à ce respect de l'autre et à la compréhension de ses besoins que l'harmonie dans le couple pourra s'installer[9]. La véritable révolution du désir, cette exploration du plaisir a pu avoir lieu, non pas de la manière quantitative et unilatérale du temps de Woodstock, mais en prenant en compte la femme également, qui, *spoiler alert*, n'est pas moins importante dans l'histoire.

Cette nouveauté engendre un lâcher-prise collectif. Non, l'homme n'est pas responsable de la jouissance de sa partenaire, et oui, la femme a des envies et peut entreprendre : une envie de ressentir sans mentir, de se découvrir, de se renouveler sans performer, bref d'être vraie et dans l'instant.

Bye bye les obligations, place à l'improvisation en accord avec l'humeur du jour, en partant sur les nouvelles bases de cette troisième révolution féministe : la communication, une révolution du désir et une bonne dose d'imagination.

Oui, car l'érotisme, c'est « la sexualité transformée par l'imagination » alors cessons de prendre toujours le même chemin balisé, et empruntons des chemins de traverse. Ce sont eux qui nous mènent à l'extase. C'est souvent en s'égarant un peu qu'on se laisse surprendre à se découvrir réellement. Je vous souhaite donc de vous autoriser à vous perdre un peu, et surtout de ne pas suivre la route des autres car, comme son nom l'indique, elle est faite pour les autres ! Comme disait le poète Tonton David : « Chacun sa route, chacun son chemin » ! C'est un très bel adage en matière de sexualité, vous ne trouvez pas ?

En parlant de poésie, pour moi, c'est la poésie de la sexualité qui compte et non pas l'acte en lui-même. Alors retrouvons le goût des poèmes, testons des nouveaux scénarios, embrassons-nous

---

9. Je vous recommande *Les 5 langages de l'amour* de Gary Chapman qui vous aidera à savoir comment parler à votre partenaire en fonction de ses préférences (voir aussi p. 126).

comme dans les films, faisons de la place pour la légèreté, pour la découverte, la redécouverte, inventons-nous des rôles, maintenons notre regard l'un dans celui de l'autre pendant plusieurs minutes, effleurons-nous sensuellement, ne considérons pas notre partenaire comme acquis, réinventons-nous différemment chaque jour, comme si c'était la première fois. Rien n'est acquis et même au bout de vingt ans, il est possible de se surprendre. Se réapproprier la poésie de l'amour pourrait, je le pense, éviter que le couple ne devienne trop « familial », éviter que notre compagnon ne soit qu'un père pour notre enfant, un coloc de qualité, un ami qui nous veut du bien, mais permettre qu'il soit aussi UN AMANT QU'ON DÉSIRE.
La sexualité peut vite, avec les années, être remplacée par l'AFFECTION ce qui est totalement OK, à condition que le désir ne vous manque pas !

Mon pote Francky Sinon, moi, j'ai une autre solution, tu prends trois mecs : un mec pour l'attachement, un autre pour l'amour romantique et un troisième pour le désir passionnel.

Moi Un ça me va !

Mon pote Francky C'est parce que t'es hétéro !

Moi Rien à voir !

Mon pote Francky Si, vous faites quand même un peu plus de chichis sur le sujet !

Experte historique STOP ! Histoire de décomplexer tout le monde, je précise que la monogamie n'est pas naturelle, c'est un système économique pour savoir à qui appartiennent les enfants et qui va recevoir les vaches ! C'est un modèle culturel récent qui n'est en aucun cas lié à l'orientation sexuelle.

Mon pote Francky N'empêche que…

Experte historique Stop, j'ai dit ! C'est pas une compétition !

Je n'ai rien osé dire mais je me suis demandé à cet instant précis si c'est parce que je porte *the* prénom romantique par excellence, ou si je suis bien trop matrixée, mais moi, je suis heureuse d'être monogame et d'essayer de me réinventer dans mon couple pour avoir plusieurs relations avec la même personne.
Alors si, comme moi, tu aimes vraiment la vanille, tu n'as pas besoin de tester tous les parfums. Voici des pistes de réflexion pour se réinventer reine pour qu'il te revienne, pour te faire nouvelle pour que le feu reprenne. Pour les autres, soyez gourmandes, on vous aime aussi comme ça.

Les solutions que j'en ai tirées

Si je ne pense pas à moi, qui suis-je ?
Si je ne pense qu'à l'autre, qu'est-ce que je fais ?
Et si pas maintenant, quand ?

Aimer, ne serait-ce pas la capacité à être bien avec soi-même et en connexion avec l'autre en même temps ? Aussi j'ai pris quelques décisions.

Je ne m'efface jamais au profit de mon couple !

Quand j'avais 20 ans, j'avais la conviction que le couple parfait était celui où les deux tourtereaux finiraient par se ressembler, tellement ils seraient fusionnels, et qu'évidemment ils ne s'engueuleraient jamais, étant toujours d'accord sur tout. Bref, que dans le couple, 1 + 1 = 1. Les oiseaux qu'on nomme les « inséparables » et qui tournent la tête au même moment, ça vous dit quelque chose ? Avec vingt ans de recul, j'ai réalisé que les deux personnes formant le couple n'étaient pas obligées d'être similaires. On peut très bien garder son individualité, ses centres d'intérêt, ses propres ami·es sans tout mettre dans le « pot commun ».
Je parle de ces couples qui commencent leurs phrases par « Nous, on n'est pas très… Lisbonne ! » Déjà, qui n'est « pas très Lisbonne », c'est une des plus belles capitales européennes ? Ensuite tu n'es pas obligé·e d'attendre l'autre pour y aller… à Lisbonne. Tu ouvres ton ordi, tu prends tes billets et tu pars seul·e ou avec tes copines ou tes copains ! Je suis aujourd'hui convaincue que garder sa liberté de penser et pratiquer ses propres activités peut établir cette distance dont parlait Platon et recréer du désir. Aujourd'hui, j'adhère complètement à la formule 1 + 1 = 3 ! Il y a moi, l'autre et une entité, le couple, mais qui ne doit en rien effacer les particularités de chacun, juste être un plus. Quand on a créé l'ancêtre de l'Union européenne pour rapprocher les peuples, on est toujours restés français ou italiens, non ? Bref, en couple, pas question pour moi de me changer en profondeur, juste de m'adapter parfois pour un échange sans frontière et sans embouteillage à la douane.

Je me libère de la responsabilité affective

S'agissant de la sexualité, ma première résolution a été de dire m… à mon double coquin. Désormais, la première question valable est : « De quoi j'ai envie ? » (Merci, Jade, de m'avoir

posé la question plus haut, j'ai eu le temps d'y réfléchir.) JE NE VEUX PLUS ÊTRE DANS LA PRISE EN CHARGE !
En le tournant de manière positive, ça donne : je me focalise sur mon plaisir, mes sensations, je ferme les yeux et j'oublie tout le reste. C'est si bon, parce que c'est si rare. C'est l'inverse du rôle social que je joue en permanence, et je comprends enfin le sens du mot « s'abandonner ».
Et quand je n'ai pas d'envie, les fois où ça me préoccupe, j'essaie de comprendre pourquoi. Parfois, ma baisse de libido est liée à l'anxiété du boulot, ou l'angoisse du non-boulot, ou à mes phases de descente d'hormones, à mes phases d'autocritique, aux phases où je me néglige. Et dès que j'en prends conscience, c'est fou comme tout rentre peu à peu dans l'ordre, sans pression, avec juste un peu de patience ! Chronos arrange toujours tout.
Puis viennent les questions :

- De quoi mon homme a-t-il envie ici et maintenant ? (Merci Jade, j'ai pris le temps de lui parler.)
- Et comment on se rejoint ?

Pour ça une seule solution :

On prend le temps de se parler

Je suis bien placée pour le savoir. Quand on affiche déjà vingt ans au compteur, le couple peut être fatigué par les kilomètres parcourus ensemble, surtout si on ne sort jamais de l'autoroute !
Ce que j'ai réalisé à l'aube de mes 40 ans : nous ne parlons pas forcément les langages de l'amour. En découvrant le livre de Gary Chapman, *Les 5 Langages de l'amour* (Leduc.s, 1992) que l'on m'a offert le jour de mes 40 ans, j'ai réalisé que chaque être humain a sa sensibilité et va être plus réceptif soit 1) aux paroles valorisantes, soit 2) aux moments de qualité, soit 3) aux cadeaux (pas forcément matériels), soit 4) aux services rendus, soit 5) au toucher physique. Moi, je suis plutôt « paroles valo-

risantes » et « moments de qualité » quand mon mec est plus « services rendus ». Aussi, grâce à ce livre, nous avons compris les besoins de l'autre, et notre couple s'en porte beaucoup mieux. Il a appris à me faire plus de compliments et moi à rendre plus de services. Je pense que nous allons resigner pour quelques kilomètres supplémentaires sur notre route commune sans trop forcer. Merci Gary !

Ma voisine, âgée d'une soixantaine d'années, m'expliquait récemment comment elle avait reconnecté avec son mari en marchant ! Chaque jour, ils faisaient une petite marche tous les deux. Au début, comme ils avaient perdu l'habitude de parler, il y avait de longs moments de silence un peu embarrassants, et puis, de fil en aiguille, les mots sont revenus et les promenades se sont allongées, les discussions sont devenues de plus en plus passionnées. Je lui ai alors offert le livre de Gary et ils ont pu mettre des mots sur leurs frustrations : lui adorait faire des cadeaux, et elle voyait dans ces attentions un moyen pour lui de se racheter quand il ne lui consacrait pas assez de temps. Bref, ils n'avaient juste pas la même porte d'entrée pour exprimer leur amour. Elle lui a donc offert le livre vu qu'il aime les cadeaux, et lui a continué les balades hebdomadaires pour passer du temps de qualité avec elle ! Tout est fluide quand on trouve le décodeur de l'autre !

Je précise qu'il existe plein de jeux et d'outils tout faits qui peuvent fluidifier la discussion, comme la planche de relation ou le jeu DisCultons. Les questions peuvent vous aider à réfléchir en couple sur ce que vous souhaitez dans votre relation sur différents thèmes : romantisme, vie quotidienne, amitié, engagement, intimité émotionnelle... Le compte Insta @lespaceducouple propose également des outils de la sorte. Réintroduire le jeu dans le couple peut le faire repartir comme en 40 ! (expression très appropriée à ce livre je trouve).

En matière de désir, je pratique le « Dis-moi, je te dis »

C'est une idée que j'ai empruntée à deux de mes amis. Alors autant vous en faire profiter ! La règle consiste à se fixer des réunions mensuelles pour parler de leur désir autour d'une bonne bouteille de vin. C'est un temps à deux pour leur « Dis-moi, je te dis ». Comme dans un débat présidentiel – en plus détendu – chacun a son temps de parole pour faire un point sur ses envies du moment. Depuis que j'ai lu le livre de Margot Fried-Filliozat, *Les 5 langages sexuels* (Robert Laffont, 2024), j'ai réalisé que chaque être humain avait sa propre porte d'entrée dans la sexualité : le mental (1), ce qui se passe dans la tête pouvant être primordial pour certains ; l'émotionnel (2) qui pour moi est très important, car sans intimité pas de connexion ; le sensuel, c'est-à-dire le plaisir des sens (3) ; le physique et la connexion au corps (4) ; et enfin l'énergétique (5), pour se sentir en harmonie avec l'autre. En fonction de votre porte d'entrée et de celle de votre partenaire, vous pouvez ajuster votre technique d'approche, qui sera sans doute mieux accueillie avec ces connaissances précieuses. Eh oui, ce n'est ni universel ni inné d'être le ou la partenaire idéal·e, alors au boulot… ou à l'introspection, plutôt !

MES RECOMMANDATIONS
Pour réfléchir à la masculinité (seule ou à deux)…

N'hésitez pas à écouter le podcast *Les Couilles sur la table,* de Victoire Tuaillon, qui questionne et déconstruit les masculinités ou encore le merveilleux *Mansplaining,* de Thomas Messias !

Je dissocie les rôles attribués à mon partenaire

Je parlais plus haut du problème de mettre toutes ses attentes affectives dans la même personne, d'avoir besoin qu'il nous sécurise le jour et qu'il nous comble la nuit ! Qu'à cela ne tienne, dissocions les « canaux de communication » quand on parle au père, au compagnon de route ou à l'amant ; même s'il s'agit de la même personne, lui parler différemment en fonction de son rôle semble plus judicieux !

Quand je parle à « l'amant », je lui dis les mots bleus, les mots qu'on dit avec les yeux, mais dans un groupe WhatsApp à part, je lui parle en métaphores, en rimes, en émojis, je lui parle d'amour, d'aventure, de nous, de ce dont j'ai envie ; mais en aucun cas je n'ai le droit de lui parler des courses, des devoirs du fils, ni des plannings des vacances sauf si c'est pour lui dire que je l'imagine nu sur la plage. Bref tout ce qui sort de l'ordinaire pour aller vers le sublime.

Mon mec Moi, nu sur la plage : ravi d'apprendre que c'est ta définition du sublime.

Je m'autorise des « petites choses » car une étape peut être une finalité en soi

Là, je laisse ma copine Amaya raconter : si on visualise le sommet du mont Blanc, on commence par avoir la flemme de le grimper, alors que si on imagine l'ascension étape par étape, et que le plaisir est juste d'avancer pas à pas, on va se surprendre à savourer le chemin malgré les difficultés. Tout ça pour dire que si on s'autorise un érotisme qui ne mène pas forcément à la pénétration ou à l'orgasme, c'est bien aussi ! On peut donc juste se « rouler un patin », s'arrêter là, et c'est complètement OK ! Fini les « mais tu ne vas pas me laisser comme ça » des années 1980, aujourd'hui on sait que le sexe n'est pas un dû, qu'on n'est pas une allumeuse si on ne va pas jusqu'au bout et que les hommes ne vont pas exploser s'ils doivent se retenir ! « TOUT VA BIEN SE PASSER », et cette non-quête de résultat libérera les deux genres de leurs rôles archaïques et de leurs angoisses de ne pas être performants.

POUR ALLER PLUS LOIN
Comprendre le slow sex

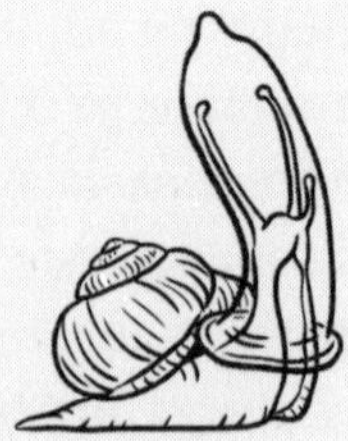

Le *slow sex*, inventé dans les années 1970 aux États-Unis, part du principe que le fait de mettre lenteur et conscience dans l'acte sexuel change le rapport à l'autre comme le rapport à soi ! Nourri par la philosophie de *L'Éloge de la lenteur*, de Carl Honoré, le slow sex vise à redécouvrir la sexualité dans une perspective où chaque moment est pleinement vécu, sans se presser. Dans une société où l'orgasme est souvent considéré comme l'apogée de tout rapport intime, le *slow sex* bouscule les codes. Ici, l'orgasme n'est pas la finalité, mais plutôt une étape parmi d'autres. La relation sexuelle devient alors un voyage, une exploration où le chemin parcouru a autant – sinon plus – de valeur que la destination.

Je le laisse créer

Sans verser dans les extrêmes de mon copain Jérem, il est vrai que quand le train-train prend le dessus, la vie intime devient parfois un peu… barbante, voire s'étiole progressivement. Si je devais traduire cette idée dans un langage que mon homme comprend, je lui dirais sûrement : « Si tu vas au resto tous les soirs et que tu commandes le même tiramisu TOUS-LES-SOIRS, tu vas vite te dire : "Si je vois un seul autre tiramisu, je fais une indigestion !" » Il me semble tout à fait normal que chacun veuille tenter de temps en temps une petite mousse au chocolat, ou une tarte aux fraises ! Et bien sûr, je précise

que l'absence de dessert peut aussi être une option tout à fait agréable.
Comme j'ai beaucoup créé ces dernières années, je lui laisse de la place pour qu'il crée lui, je l'encourage dans ses initiatives, qu'elles tombent un peu à côté ou non, elles sont vraiment les bienvenues – même un week-end à Saint-Étienne sous la pluie au mois de novembre, c'est pour dire combien je prends tout !
Combien de mes amies se plaignent que leurs partenaires n'entreprennent rien alors qu'elles sont *control freak* ou dans la critique permanente. Accueillir les moments ratés fait partie du trajet, et c'est souvent dans ces moments-là qu'on a les plus grands fous rires. Allez-y, Saint-Étienne, c'est hilarant ! (Et je ne suis pas payée par l'office de tourisme pour dire ça.)

J'accueille la routine pour pouvoir m'en extraire

Saluer la routine par un petit slam permet de la dédramatiser et d'accueillir cette vieille copine inévitable sur notre route.
Car oui, pour qu'il y ait des moments d'extase, comme les week-ends à Saint-Étienne sous la pluie au mois de novembre, il faut des moments plus quotidiens. C'est ainsi, la vie est faite de creux et de pleins, et parfois trop de surprises tuent la surprise. Notre bonne vieille routine permet de se reposer sous un plaid avec un bon chocolat chaud, en regardant une bonne série (qu'on a déjà vue trois fois, parce qu'on a 40 ans et qu'on aime revoir nos classiques !)

ODE À LA ROUTINE !

Ô routine, ma routine, bête noire des magazines
Tu es bien loin d'être chez nous cette belle héroïne
Va donc sonner plutôt chez Caro et Kevin
On te critique autant que de la gélatine
Et on te soigne comme une angine bénigne
Si tu squattes trop longtemps, à deux, on t'élimine
Car on te craint souvent autant qu'une toxine
Quand tu t'en vas, parfois, nous deux, on a le spleen
Tu étais rassurante, même douce et câline
Avec tes chocolats chauds, tes plaids, sans payer de mine
Reste encore près de nous, puis va voir la voisine.

Pour conclure, je dirais que la quarantaine permet de découvrir son désir, son plaisir, sa façon de relationner. C'est aussi le moment de la vie où on décide de choisir les Brandon plutôt que les Dylan, les gentils plutôt que les *bad boys*. Place aux intelligents, à ceux qui écoutent, qui soutiennent, qui encouragent la réussite des femmes, qui se réjouissent pour leurs succès ; place à ceux qui partagent, qui comprennent, prennent leurs responsabilités et font un travail sur eux pour plus d'harmonie entre les genres. Vive cette nouvelle décennie plus égalitaire !

NOTE POUR LES JÉREM
Les 10 commandements pour être un homme qu'on désire

Jérem Attends, je vais récapituler pour voir si j'ai tout bien compris :

- ☐ Je ne demanderai plus « je peux t'aider », mais je fais ma part et c'est bien normal !
- ☐ Quand elle n'aura pas envie, j'essaierai de comprendre ses besoins et de les satisfaire.

- ☐ Si je ne les comprends pas, je passerai du temps à lui parler pour qu'elle me les confie.
- ☐ Je comprendrai (enfin) qu'un homme en tablier et qui sait vraiment faire la cuisine est très sexy !
- ☐ Je n'attendrai plus de standing ovation dès que je changerai une ampoule.
- ☐ Je lirai Mona Chollet pour comprendre que la violence n'a rien à faire dans l'amour,
- ☐ et Virginie Despentes pour déconstruire mes principes ou devenir une lesbienne.
- ☐ Je ne rirai plus aux blagues sexistes de mes potes rugbymen.
- ☐ Je likerai autant de publications féministes que possible pour que l'algorithme de Google/TikTok/Insta m'en propose d'autres.
- ☐ J'apprendrai à naviguer sur Booking.com (ou autres sites du genre) pour emmener ma promise en week-end à Saint-Étienne sous la pluie au mois de novembre !

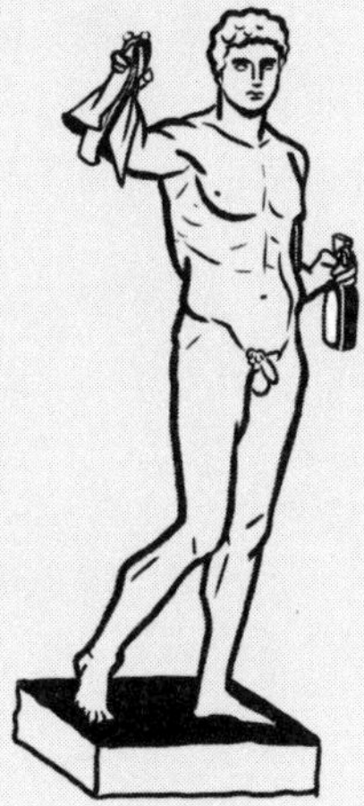

Épisode 4

Mère (ou pas) à 40 ans : la pression !

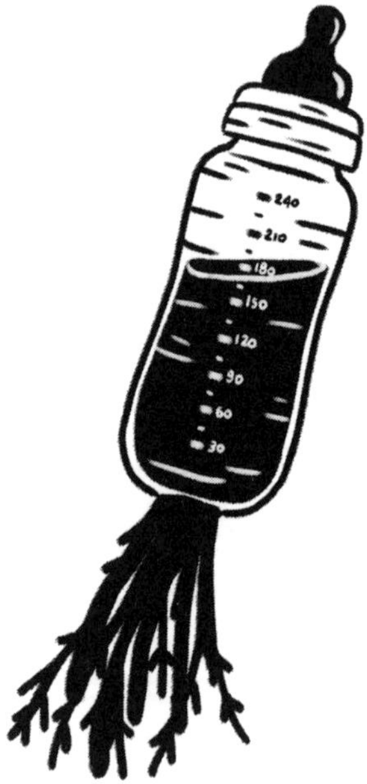
240
210
180
150
120
90
60
30

Avant d'être mère, mes discussions avec mon pote Jérem autour de la machine à café pouvaient ressembler à ça :

Jérem Toi aussi, t'en veux deux, j'imagine, comme tout le monde ?

Moi Ah ! euh, non merci, j'en veux pas ! Je ne suis pas très « enfant » !

Jérem Pas très « enfant » ? Mais comment ça ? Personne n'est « pas très enfant » ! En plus, tu serais une super maman, Ju. T'adores ça, les enfants !

Moi …

Jérem Ton mec, il n'en veut pas ? Franchement, si tu l'aimes, fais-lui un enfant. Honnêtement, tu ne le regretteras pas !

[J'appuie sur le bouton « chocolat chaud » de la machine à café.]

Jérem Non vraiment, Ju, t'as aucune excuse pour ne pas en faire ! T'as l'âge, t'as trouvé le bon mec, t'as une bonne situation… Et puis t'as un utérus surtout !

Moi …

Jérem Ben quoi, c'est pas pour rien… Ah ! ben oui, la nature fait bien les choses !

Moi Sauf pour celles qui peuvent pas, quoi…

Jérem Oh ! les pauvres, c'est vrai ! Ju, tu dois en faire, par respect pour celles qui ne peuvent pas ! En plus, si t'en fais pas, je suis sûr que tu le regretteras à un moment ou à un autre.

Moi Jérem, tu veux goûter mon chocolat chaud ?

Jérem Ah ! non merci, je suis pas très chocolat.

Moi Comment ça « pas très chocolat » ? Personne n'est « pas très chocolat » ! Et ta nouvelle copine, elle aime le chocolat chaud, non ?

Jérem Je crois, oui.

Moi Moi, je suis sûre qu'elle adore et qu'elle serait très malheureuse de savoir que tu refuses mon chocolat, alors que tu POURRAIS en boire. Franchement, si tu l'aimes, prends une gorgée de chocolat. Honnêtement, tu le regretteras pas ! Et puis, si tu as une bouche, c'est bien pour en boire… du chocolat ? Allez, par respect pour tous les hommes qui n'ont pas de bouche !

Jérem C'est rare !

Moi Ou simplement par respect pour les producteurs de chocolat ! Faut y penser aussi ! Si on ne consomme pas, ils vont se retrouver au chômage. Alors ? Tu goûtes ? Tu goûtes ? Tu goûtes ? Allez goûte, sinon tu vas le regretter !

Jérem …

Jérem avait touché à un point (très) sensible. Pas de bol pour lui, cela faisait des années que cela me turlupinait, et que j'avais préparé ma contre-attaque ! Parce qu'on demande toujours à une femme qui n'a pas d'enfant pourquoi elle n'en a pas et jamais à une femme qui en a pourquoi elle en a fait ! Alors je vous pose la question : pourquoi faire des enfants ?

Être mère à 40 ans, pourquoi ?

Avant la naissance de mon fils, je me le suis souvent demandé. J'avais dépassé la trentaine, j'étais en couple depuis dix ans et je sentais très fortement la pression de la société, de ma famille, de mes copines (et de Jérem) à faire absolument un enfant. J'ai eu droit mille et une fois à l'éternelle question : « Alors, et toi, c'est pour quand ? » ou à sa petite-cousine bien culpabilisante : « C'est vrai, quoi, tu ne vas pas penser qu'à ta carrière ! C'est égoïste ! » Alors un soir, j'ai craqué et j'ai retourné le problème en demandant à mes copines d'enfance : « Et vous, pourquoi vous en avez fait, des enfants ? » J'étais contente, ma question a fait son effet : silence collectif !
C'était il y a presque dix ans. Et j'étais déjà tour à tour frustrée, énervée, attristée par ces remarques. Mais avec un peu de recul, je réalise que j'ai eu de la chance car :

- On a finalement décidé de faire un enfant. Parce qu'on en a eu envie et qu'on y a longuement réfléchi. Quelles qu'aient été nos motivations, on a fini par rentrer dans le moule du socialement correct.
- Je n'ai eu aucun problème à « tomber » enceinte.
- Je n'étais pas encore en proie au tic-tac insupportable d'une horloge biologique qui rappelle à chaque instant que mon rendez-vous avec la fertilité est à deux doigts d'être raté.

Alors que dire de toutes ces femmes qui n'ont pas cette chance, à cause de l'endométriose, du SOPK ou autre, ou qui ont simplement envie d'autre chose ? Clairement, s'il y a bien un domaine dans lequel on peut se poser la question « Les 40 sont-elles cuites ? », c'est bien celui de la fertilité.
Après tout, il y a une date effective de péremption (la ménopause) et dans cette dernière ligne droite, les pressions et les injonctions sont très fortes. Ajoutez à cela l'effet sandwich entre les générations précédentes pour qui la maternité était un passage obligé et les jeunes générations pour qui le choix de créer une famille ou non est une évidence… Nous, on a clairement l'utérus entre deux chaises !

Mais quelle idée d'être mère !

Bref, il fallait continuer cette enquête, et comme d'hab', j'ai commencé par mes proches, mes amies, et j'ai inclus au passage mes copines du Cours Florent, moins « conventionnelles » que le reste de ma tribu. Voici ce qui en est ressorti…

C'est quoi être mère ?

Ma mère : C'est la plus belle chose qui me soit arrivée.

Mon père : C'est unique. C'est d'ailleurs pour ça qu'on n'a pas voulu d'un deuxième, la première était beaucoup trop réussie.

Ma psy : C'est ce qui restera sur ton lit de mort.

Mon mec : C'est être père au féminin.

Jérem : C'est laisser sa trace dans l'histoire.

Marie B., mon amie du Cours Florent : C'est une expérience de vie !

Florence C., mon autre pote actrice : C'est un truc qu'il faut vivre avant de mourir.

Ma cousine Jeanne : Ça prolonge ta vie. Pour qu'on parle de moi après ma mort, c'est ça la vie.

Mon cousin Kevin : La parentalité, c'est le moyen de revivre ton enfance : revivre la magie de Noël, des œufs de Pâques dans le jardin, pour être « la petite souris », pour l'accompagner à l'école, pour acheter du Nutella et faire des coquillettes au jambon. C'est une sorte de machine à remonter le temps, et d'autorisation à régresser sans culpabiliser. Je me revois en lui au même âge, je faisais les mêmes activités, je m'habillais pareil.

Ma tante Marie : La maternité, c'est fait pour donner tout l'amour qu'on a à donner et même plus !

Ma cousine Garance : Je l'appelle « mini-moi », je l'habille pareil et je me revois en elle au même âge.

....

Première impression : comme je m'y attendais, et même si je vous ai livré ce joli florilège de réponses assez nébuleuses, elles ont toutes été précédées d'une hésitation témoignant que bon nombre de mes proches n'avaient pas vraiment réfléchi avant. C'était juste normal… et merveilleux bien sûr. Toutes ces réponses me semblaient cependant un peu légères…
Certain·es voient dans la maternité un acte symbolique pour laisser sa trace dans l'histoire, faire perdurer une partie de soi… En y réfléchissant, oui, les enfants prolongent un peu l'existence, mais d'une ou deux générations seulement. Pour être honnête, je ne me réveille pas le matin en pensant à mes arrière-grands-parents. Donc encore une fois, cette réponse n'était pas satisfaisante pour moi. Identiquement, quand mon cousin Kevin a suggéré qu'on faisait un enfant pour « se revoir en lui au même âge », j'ai grincé des dents. Non, mon enfant ne sera pas un mini-moi, il sera libre d'avoir ses goûts, de choisir ses vêtements, et de faire ses choix pour lui. Déjà que mon métier était un peu nombriliste, je ne veux pas encore penser à moi en le regardant ! Moi, moi et moi, ça suffit oui !

Et puis un soir, alors que je me faisais chauffer une barquette de Noodle soup (rien de sexuel), j'ai eu le déclic : il ou elle me manquait ! Ma vie n'était faite que de tournages et de sorties théâtrales, et j'avais envie d'autre chose : de m'échapper de la fiction et de m'occuper de ma vie réelle avec une création bien plus qu'originale, j'avais besoin de m'occuper de quelqu'un d'autre que de moi, moi et moi, ça re-suffit oui !
Je trouvais tout à coup notre appart trop spacieux, trop silencieux, j'étais émue quand je passais devant un magasin de jouets, je fixais les bébés dans la rue (oui, c'est extrêmement gênant !) et pendant mon tournage je posais mille questions à la scripte enceinte de six mois. Un jour, j'ai pleuré quand j'ai eu mes règles et j'ai googlé : actrices-âge-enceintes !
Je pense que les indices étaient plutôt clairs.
Google m'a alors rassurée : ouf, à 32 ans, j'étais pile dans la moyenne... des actrices ! Le jour de mes 40 ans, mon fils allait avoir l'âge de raison et tout serait beaucoup plus simple.

Et à 40 ans, qu'est-ce qui change ?

Aujourd'hui, pour moi, être mère à 40 ans est le début de la fluidité et de l'autonomie de mon fils. C'est pour ça que je savoure le timing. J'ai bien profité dans ma vingtaine, je suis beaucoup (trop ?) sortie, j'ai élevé Oscar dans ma trentaine mais j'avais la pêche pour ça, et dans ma quarantaine, il est mon compagnon de route, celui avec qui je discute des heures au restaurant, celui que j'emmène au théâtre, en voyage, celui qui me surprend de jour en jour, celui que j'aime à mesure que je le découvre parce que c'est une personne à part entière surprenante et géniale. Faux, il est relou comme tous les ados parfois mais bizarrement je ne retiens pas ces moments-là. Ça doit être la sélectivité maternelle ou le déni.
Et pour les copines, ça se passe comment ? Après tout, on n'est pas la même maman à 20 ou à 50 ans. Comme on ne l'est pas

non plus quand son enfant a 2 ou 14 ans. Donc la réponse est « ça dépend, ça dépasse ». Alors dépassons un peu.

Être mère à 40 ans, c'est différent !

Annabelle (maman de deux enfants de 2 et 6 ans) : Être mère à 40 ans, c'est faire le deuil de la *working girl* qu'on a été pendant vingt ans et troquer son smartphone pour un babyphone.

Rachel (maman divorcée de deux enfants de 7 et 10 ans) : C'est comprendre l'importance du répit une semaine sur deux.

Iris : Pour quoi faire ?

Mathilde (maman de Sidonie, 16 ans) : C'est enfin pouvoir choisir des films un peu plus intellos au ciné et débattre pendant des heures sur le sens de la vie.

Claire (maman d'un enfant de 11 ans) : C'est beaucoup d'amour et autant de charges.

Élo (maman d'un bébé de 9 mois) : C'est saisir sa dernière chance et être ravie de ne pas avoir loupé le coche.

Christel (mère de trois enfants de 4, 5 et 7 ans) : C'est sortir d'un Marvel, se rendre compte qu'on n'est pas Wonderwoman, et que c'est OK !

Ma tante Brigitte (mère de deux enfants de 22 ans) : C'est assurer sa retraite.

Amaya (enceinte) : C'est un rêve qui se réalise enfin, merci la FIV !

Je ne pensais pas qu'il y aurait un fossé aussi important entre la vision quasi existentielle de la maternité dont m'avaient parlé mes proches dans un premier temps et cette expérience de la maternité à 40 ans. Clairement, il y avait là encore un mystère à résoudre.

Tu seras (obligatoirement) mère et épanouie, ma fille !

En écoutant mes amies, j'ai eu la sensation qu'il y avait là souvent une certaine forme de résignation. Comme si les attentes de la société étaient tellement élevées que les mères ne pouvaient qu'échouer. Et a contrario, j'avais l'impression que la quarantaine était pour elles une opportunité d'évoluer hyper réjouissante. Pourquoi tant de difficultés ? J'étais convaincue qu'on ne pouvait, là encore, pas dissocier le mal-être des femmes des injonctions auxquelles elles étaient soumises. J'ai donc tenté d'éprouver ma théorie sur le terrain.

Non, nous ne sommes pas des poules en fin de vie !

En commençant par le début du début, la conception (ou non). Mon expérience en la matière ? J'ai eu droit à mille questions malvenues sur ma potentielle maternité avant la naissance de mon fils… Et j'en ai eu tout autant après. À commencer par la fameuse : « Mais pourquoi tu ne l'as pas fait avant ? La carrière, c'est sympa, mais ce n'est pas l'essentiel non plus ! » Pourtant, à l'époque, je n'avais que 32 ans. Soit moins d'un an de plus que la moyenne d'âge des Françaises quand elles deviennent mères (selon l'Ined). Bref, j'étais loin d'être périmée de la fertilité. Ce n'est là que mon exemple, mais clairement, il y a dans notre société une pression à pondre un ou plusieurs enfants (plusieurs étant, bien sûr, la meilleure option). C'est même un enjeu politique : je grince encore des dents en repensant au « réarmement démographique » d'Emmanuel Macron, qui nous rappelait qu'enfanter était presque un devoir à la patrie ! Quel manque de tact pour les femmes qui tentent d'en avoir ou ne le peuvent pas !

POUR ALLER PLUS LOIN
Une citation à méditer

Dans la série audio *Marie et les œufs en neige*, Michelle Perrot, la star des historiennes du féminisme, est invitée à s'exprimer sur les injonctions à la maternité… Et elle n'y va pas par quatre chemins : « C'est vrai que depuis des millénaires, cette injonction est parfaitement assimilée et tout – religion, politique, économie, absolument tout – concourt à avoir des enfants, peut-être pas trop, mais en avoir quand même. Les représentations sociales et imaginaires sont importantes, et les femmes se sentent submergées par tout ça[10]. »

Et si on ressent cette injonction à 32 ans, c'est bien pire à 40 ! À cet âge, les remarques passent en mode : « Vite, vite, vite, c'est ta dernière cartouche avant la ménop', la fin quoi ! » En la matière, ma copine Amaya a eu une expérience assez parlante (malheureusement).

Moi Toi qui as eu ta petite à 41 ans, comment tu l'as vécu ?

Amaya Tout le monde se permettait d'y aller de son petit commentaire, même nos proches qui savaient que, en tant que couple de femmes, on aurait forcément des difficultés. Et quand je dis « tout le monde », c'était vraiment tout le monde : il y avait nos familles qui « plaisantaient » avec ça, les amies qui remettaient la question sur le tapis à chaque dîner, les collègues, même ceux que je côtoyais de loin, qui se permettaient les « Et toi, c'est pour quand ? »

10. *Marie et les œufs en neige*, podcast de Marie Cahu, saison 6, épisode 4, 26 mars 2024, 30 min.

Moi Sauf que vous, vous deviez forcément passer par la case « hôpital », don de sperme… C'était pesant, non ?

Amaya Oui, et d'autant plus que dans le boulot, notamment, je subissais des injonctions complètement contradictoires. Quand j'ai changé de job à 33 ans, mon boss m'a directement dit pendant les entretiens : « Et sinon, vous avez des projets d'enfants ? Parce que nous, il nous faut quelqu'un à 100 % investi dans le poste. » C'était complètement illégal de demander ça, évidemment, mais je ne me suis pas formalisée : à l'époque, on n'avait pas encore envie de franchir le pas de la famille, donc je n'ai pas été obligée de mentir. Et pourtant, quelques années plus tard, lui aussi y est allé de son petit commentaire sur « mon retard procréatif ».

Moi Et finalement, comment cela a évolué ? C'est quand t'es tombée enceinte que ça s'est calmé ?

Amaya Si seulement ! Après, c'est tout un autre type de pressions qui ont commencé. J'avais le gynéco et la sage-femme en permanence sur le dos à me rappeler tous les risques de complications, à surveiller mon poids comme du lait sur le feu… Les grossesses « gériatriques », c'est la plaie !

Il y aurait de quoi remplir un livre entier sur les pressions et le manque de diplomatie dont sont victimes les femmes comme Amaya qui font un bébé la quarantaine passée. Au-delà de leur parcours qui peut ressembler à une partie de *Call of Duty* (la guerre !), voire pire, à un départ en vacances Gare de Lyon un jour de grève des trains (beaucoup, beaucoup, beaucoup d'attente et t'es même pas sûr·e d'arriver), elles subissent en plus les conseils dispensables des tatas Janine de cette Terre (« tu y penses trop », « mange de la viande rouge au petit déj' », « fais le poirier un soir de pleine lune » ou « pratique plutôt la levrette, c'est plus efficace » !) avec en sus les injonctions médicales. Rien que le terme « grossesse gériatrique » me hérisse les poils ! Amaya m'a aussi raconté pendant notre *tea party* comment sa gynéco avait pris le temps de lui lister toutes les complications qui l'attendaient potentiellement, maintenant qu'elle était proche de l'Ehpad de la fertilité mais enceinte malgré tout (l'hypertension artérielle gravidique, le diabète gestationnel, le placenta prævia, l'hématome rétro-placentaire, les anomalies chromosomiques, le bébé trop gros à la naissance…). Et ça a continué avec les recommandations fortement appuyées à accoucher sous péridurale (parce qu'à son âge c'est plus sûr), à allaiter (parce que ça peut participer à prévenir des cancers du sein plus fréquents quand on vieillit)… Bref, il serait peut-être temps de nous lâcher l'utérus, et les tétons par la même occasion !

À quand le petit deuxième ?

J'aimerais ajouter qu'à part le cas exceptionnel d'Amaya, pas une seule de mes copines n'a échappé à des pressions en lien avec son utérus. Et à peine le premier bébé né, il faudrait tout de suite rempiler avec un second parce que c'est la dernière ligne droite, parce que c'est égoïste de laisser l'aîné tout seul, etc. Tic-tac, tic-tac.

Alors pourquoi tout le monde pose la question ? Parce qu'on nous a dit que la famille idéale était composée d'un papa, d'une maman et de deux enfants ! Mais c'est qui « on » ? Toujours cette même société, qui dit « c'est comme ça » ! Oui, c'est vrai qu'il y a une logique, à la base, de renouvellement des générations, mais avant de poser cette question, attendons peut-être un peu de savoir ce qu'il se passe réellement dans la vie du couple !

Obligée d'être heureuse tout de suite, là, maintenant !

Une fois que tu es maman, tout le monde se réjouit, évidemment. Après tout, c'est un heureux événement ! Surtout si tu le fais à 40 ans et que tu as failli passer à côté de l'occasion de vivre ce « bonheur absolu ». C'est là, généralement, qu'on se heurte à une autre projection : celle d'être forcément heureuse car on n'a pas souvent l'occasion dans sa vie de se laisser emporter par cette vague d'amour incommensurable sur laquelle on surfe le jour de la naissance de son bébé.

Sauf qu'en fait toutes les femmes ne surfent pas sur ladite vague. Ma copine Charlie m'a avoué, il y a quelque temps déjà, qu'elle s'était sentie hyper coupable de ne pas avoir su aimer sa fille tout de suite. Elle m'a dit : « Quand la sage-femme l'a posée sur mon ventre, la seule chose que j'ai réussi à me dire, c'est "ouf, c'est fini". Après, je suis passée en mode survie. Je devais sauver ma peau de l'épuisement et de la dépression post-partum, et faire en sorte que la petite reste en vie. Je suis arrivée à lui dire que je l'aimais seulement six mois plus tard. »

Même si cela n'a pas atteint cette ampleur chez moi, j'ai éprouvé de l'anxiété quand j'ai quitté la maternité. Je me suis dit : « Mais comment je vais faire pour être là pour ce bébé tous les jours ? » « Comment je vais faire pour le maintenir vivant ? » J'avais aussi ce sentiment étrange d'être délaissée. Moi qui avais été si bien entourée pendant ma grossesse, je me suis retrouvée souvent seule avec mon bébé avec la crainte de ne pas savoir bien m'en occuper. Ma mère, sur qui je comptais beaucoup pour m'apprendre, était certes présente, mais elle avait un peu perdu le pli (ou n'était pas très motivée par l'idée d'aspirer la morve de mon enfant au mouche-bébé, ce que je peux aussi comprendre), mon mec devait travailler, et les minutes me paraissaient très longues avec le peu de sommeil dans les pattes. Donc non, je ne nageais pas dans le bonheur. Je pouvais être irritable, avoir des sautes d'humeur même si je sais aujourd'hui que c'est OK de le dire.

Je suis d'ailleurs à ce moment-là de ma vie, tombée sur une émission de télé. Anémone était l'invitée. Elle parlait de regret maternel, en disant en gros : « La maternité, ce n'est pas fait pour tout le monde, et c'est mieux de se poser les bonnes questions… avant. » Évidemment, ces propos ont fait couler beaucoup d'encre à l'époque. Les gens ne comprenaient pas : « Elle regrette ses enfants, c'est monstrueux. » Non, Jean-Michel-Raccourci, elle a avoué regretter sa posture de mère, pas ses enfants qu'elle aime et qu'elle a très bien élevés. Ce n'est pas la même chose ! On est loin du monstre, tout de même. D'autant que ce genre de prise de parole permet de décomplexer toutes les mamans qui, à un moment, ont eu envie d'aller « acheter du pain » et de ne jamais revenir ! Je précise que oui, ça nous traverse l'esprit, et non, on ne le fait pas !
À 40 ans, maintenant que j'ai du recul, je me permets de le dire à toutes les femmes enceintes que je rencontre. Oui, vous allez aimer votre enfant, et oui, ça peut prendre un peu de temps d'accepter le rôle de mère et de ressentir cette vague d'amour dont toutes les mamans parlent de manière officielle. Laissons le charme de Chronos opérer. Le temps de rencontrer son nouveau-né, d'apprendre à le connaître, comme tout autre type de rencontre. Et si ça arrive immédiatement pour certaines, tant mieux pour elles, vous avez gagné la compétition imaginaire des mamans qui aiment le plus vite leur enfant !

L'obligation d'être parfaite

Bon, quoi qu'il en soit, on fera (toujours) mal ! Et je sais que les copines et moi ne sommes pas les seules à faire les frais des jugements réservés aux mères parce qu'elles ne font pas assez bien leur job (bénévole) ! Ça porte même un nom : le *mom shaming*, qu'on pourrait traduire par « l'humiliation des mamans » pour les non-bilingues !

En la matière, il y a quand même du mieux depuis quelques années (j'y reviendrai), mais il existe toujours plusieurs écoles :

- le *mom shaming* hyper vocal des réseaux sociaux où tout post est l'occasion de crucifier les mauvaises mères sur la place publique d'Instagram, TikTok ou autre ;
- et les petites phrases assassines des proches ou moins proches.

Évidemment, chacune y va de son expérience, mais voici un petit florilège pour vous rappeler de bons souvenirs.

DU *MOM SHAMING* EN VEUX-TU EN VOILÀ !

- T'as pas encore repris le sport ? Tu devrais essayer, ça te ferait du bien !
- Ah ouais ? Il est juste inscrit au centre aéré le mercredi ? Il ne fait rien d'autre ?
- Il est pas un peu grand pour sucer son pouce ?
- Tu préfères lui donner le biberon ? C'est très années 1980, ça !
- Tu ne l'as pas mis en école bilingue dès la maternelle, toi ?
- Mon fils a marché à 10 mois. T'as parlé du retard de Constantin à ton pédiatre ?
- On dit que les problèmes de peau, c'est le rapport à la mère !
- 9 h-18 h chez la nounou ? Il a des longues journées, ton petit, quand même…
- Nous, on l'a mis dans le privé, c'est mieux fréquenté et le niveau est meilleur quand même. Mais c'est bien aussi que t'aies inscrit Achille dans le public !
- Tu ne lui as pas fait faire de la draisienne avant le vélo ? Ça va être chaud !
- Tu ne savais pas que mettre une petite marche au pied des toilettes permettait de préserver son périnée (oui, même à 6 ans) ? C'est marrant, je pensais que tout le monde était au courant !
- Tu as encore accepté un tournage, le pauvre. Qui va s'en occuper ? (Réponse : son père peut-être !)

C'est malheureusement simple, une mère est évaluée, jugée, critiquée quels que soient ses choix :

- On la juge si elle retourne au travail trop rapidement après la naissance de son enfant : « Mais qui va garder l'enfant ? » lui demande-t-on aussitôt. Pas le papa, apparemment, parce qu'il n'a pas le temps, le papa, il travaille, le papa. Et c'est cool de travailler, pour un papa, un papa parfait qui part le cigare au bec au volant de sa Cadillac (oui, j'aime les films américains) pour aller courageusement nourrir sa famille. Mon père, ce héros, qui reviendra juste à temps pour le petit bisou du soir. Il est trop fort, ce papa, il a trop bien travaillé et rempli son rôle de papa.
- Alors que maman, on la juge si elle est trop présente et ne laisse pas son enfant respirer et vivre sa vie.
- On la dit trop laxiste si elle est trop bienveillante, si elle discute des règles avec ses enfants, les laisse avoir leur libre arbitre. Mais si elle est trop autoritaire, on la traite de marâtre.
- On la tient pour responsable si son enfant fait des crises, de l'eczéma, mange trop/pas assez/mal, voire s'il a une orientation sexuelle qui ne correspond pas au *mood* du moment.
- On la regarde de travers si son enfant a trop d'activités extrascolaires (« oh ! là, là, ça va le sursolliciter ») ou au contraire pas assez.
- Et encore pire, on la culpabilise si son enfant a des troubles autistiques, ne passe pas toutes les étapes dans les temps, a des problèmes d'anorexie ou de boulimie.

Et visiblement, c'est la même rengaine partout. J'ai eu la chance de pouvoir en parler à ma copine allemande Jerica, qui était de passage à Paris quand mon enquête battait son plein. Et sa perspective n'était guère plus réjouissante.

Jerica En Allemagne, une mère doit tout donner à son enfant sous peine d'être taxée de mère défaillante et narcissique.

Moi En France, on a une expression : « Une vache qui a un veau ne boit plus d'eau claire. »

Jerica Qui veut dire ?

Moi Qu'elle laisse toujours boire le veau en premier, qui lui boit l'eau claire.

Jerica Et elle, l'eau trouble. Ça y est, j'ai compris, le sacrifice maternel ! En tout cas, chez nous, c'est mal venu de travailler quand on a des enfants, au moins pendant ses trois premières années, car les mères bénéficient d'aides financières permettant le maintien d'une partie de leur salaire jusqu'à l'entrée en maternelle.

Moi Et celles qui veulent travailler quand même parce qu'elles aiment leur métier ?

Jerica On les appelle les « mères corbeaux ».

Moi Bien péjoratif, genre « vu que tu travailles, t'es négligente » quoi !

Jerica Et comme les enfants rentrent très tôt de l'école, on doit être là pour les accueillir. Moi, j'ai voulu reprendre mon job à plein temps quand mon fils a eu six mois et j'ai eu droit à beaucoup de regards de travers.

Moi En France, c'est l'inverse, celles qui couvent trop leur môme portent le nom de « mamans poules ».

Jerica Il ne sert donc à rien de s'inquiéter, ça ne va jamais ! Santé !

Moi *Gesundheit* aux mères corbeaux...

Jerica ... et aux mères poules !

Moi Toujours des noms d'oiseaux !

L'éternelle culpabilité maternelle

Qu'on se sente visée ou non par du *mom shaming*, j'ai vraiment l'impression que les attentes vis-à-vis des mères sont si grandes qu'on ne peut jamais être vraiment à la hauteur. C'est à la fois « jamais assez » et « toujours trop ». Résultat : la culpa est toujours là.
Il est vrai que depuis le jour où je suis devenue mère, je n'ai jamais cessé de culpabiliser. Culpabiliser de continuer à travailler, culpabiliser de le déposer à la crèche le matin alors qu'il était en pleurs, culpabiliser de lui acheter des petits plats Picard, culpa... STOP ! Mais comment on arrête cette voix dans ma tête quand elle a si bien été intériorisée ? Comment on se défait des injonctions contradictoires (être une bonne mère sans délaisser sa carrière, être indépendante sans être trop ambitieuse...), de la charge mentale et émotionnelle ? On ne peut pas vraiment, donc on culpabilise.

Bienvenue au club des Sisyphes anonymes !

À ce stade de mon enquête, j'ai bien été obligée d'enfoncer (un peu) une porte ouverte : celle de la charge mentale. C'est vrai que depuis quelques années, on ne la présente plus, cette fameuse charge (enfin, je vous fais quand même un petit aparté au cas où vous auriez vécu dans le Larzac à élever des chèvres au cours des 120 derniers mois). Ceci étant dit, elle reste malheureusement une réalité !

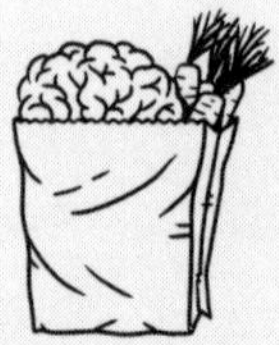

POUR ALLER PLUS LOIN
La charge mentale
Le concept de « charge mentale » a été popularisé dans les années 1980 par la sociologue française Monique Haicault. Il désigne le poids psychologique lié à la gestion des tâches domestiques et familiales, souvent assumé par les femmes. La charge mentale englobe non seulement les tâches à accomplir, mais aussi l'organisation, la planification et la préoccupation constante qui en découlent. Ce concept met en lumière les inégalités de genre dans la répartition des responsabilités au sein du foyer.

La seule chose positive avec la charge mentale, c'est son sujet intarissable. Je ne me suis donc pas privée de le mettre immédiatement sur le tapis avec mes amies. Et clairement, leurs expériences n'ont parfois rien à envier à celle de Sisyphe. Vous savez, Sisyphe, le mortel qui un jour a eu la mauvaise idée de défier les dieux grecs (nan, mais mec, quelle idée !) et qui s'est retrouvé à devoir pousser une pierre de douze fois sa taille en haut d'une montagne avant qu'elle ne roule de l'autre côté et qu'il soit obligé de recommencer la manœuvre jusqu'à la fin des temps. À en croire mes amies, pour la charge mentale, c'est exactement pareil.

Rachel *[dépitée]* J'ai l'impression d'être à la tête d'une multinationale où je gère les services compta, logistique et RH…

Iris *[zéro enfant, sirotant son café]* T'exagères, deux enfants, c'est pas la Nasa non plus !

Rachel Si seulement je pouvais décoller… J'ai un planning annuel de folie des préinscriptions, inscriptions et paiements des activités. Évidemment, les échéanciers sont tous différents. Résultat, c'est un sudoku fiscal.

Amaya *[mère d'un bébé]* Ah ! ouais, moi je croyais que le plus dur allait être la nuit quand il pleure… Mais en fait, c'est quand il dort que ça commence ?

Rachel T'as pas idée. J'ai aussi un calendrier des anniversaires des copains, un pré-stock de cadeaux et de papier pour éviter la panique du « Maman, c'est aujourd'hui l'anniversaire de Léo ! » BD, Lego, Playmobil, c'est mon petit entrepôt personnel.

Iris *[moqueuse]* Moi mon pré-stock, c'est trois bouteilles de vin et des Doliprane.

Rachel C'est une forme de charge mentale aussi ! Ah ! et aussi, je surévalue notre prélèvement à la source, comme ça on a un remboursement en fin d'année. Et bim ! Cours de ski et colos d'été financés.

Amaya Mais attends… c'est légal, ça ?

Rachel Je pense que Bercy appelle ça « être prévoyante ».

Iris Moi, si je fais pareil et que je me rembourse une semaine à Bali, ça compte comme charge mentale ?

Rachel Non. Ça compte comme retraite spirituelle !

Amaya *[éclate de rire]* OK, mais du coup, charge mentale ou pas charge mentale quand on n'a pas d'enfant ?

Iris Écoutez, j'ai un tableau Excel pour organiser mes vacances, optimiser mes RTT, caler les anniversaires de mes potes et planifier mes soirées ciné.

Rachel Ah ! ouais, t'es pas si loin de la Nasa, en fait !

L'incompétence paternelle ou le mythe du père rigolo

Ce qui n'aide vraiment pas les mères à alléger cette charge, c'est aussi ce que j'appellerais la « présomption d'incompétence paternelle ». Le cinéma entretient d'ailleurs très bien ce mythe du père nul. Dans *Dix jours sans maman*, Franck Dubosc n'a aucune idée de comment gérer ses enfants et d'où se trouve la moindre casserole dans sa cuisine. Cette image conforte l'idée que les pères ne sauraient pas y faire pour s'occuper du foyer… Et du coup, cela leur donne une bonne excuse pour ne pas le faire ! Quand mon père faisait des pâtes (une fois par an) et qu'il ratait un peu la sauce, toute la famille le félicitait d'avoir mis la main à la pâte (sans mauvais jeu de mots), alors que si ma mère ratait sa sauce, c'était la critique immédiate. On en revient aux deux poids, deux mesures ! Aussi, pardon maman d'avoir été trop dure avec toi, je comprends maintenant cette petite voix dans ta tête. J'ai appris seulement récemment que ce double standard porte le nom de *dad blessing* (littéralement « faire les louanges des pères »). Un jour, Jérem me confia – ou devrais-je dire plutôt un matin, et pas comme les autres puisqu'il devait gérer seul ses deux enfants (Lucas et Léa) – les échanges qui en découlèrent :

Son ex-femme *[pressée]* Bon, j'ai une réunion, je te laisse gérer le départ à l'école. Tout est prêt, y a plus qu'à y aller.

Jérem *[sourire confiant]* T'inquiète pas, *easy*.

[L'ex-femme de Jérem sort, et après un silence, Jérem regarde ses enfants.]

Jérem *[soudain paniqué]* Bon, heu... Vous devez emmener quoi, déjà ?

Léa *[blasée]* Nos sacs, nos goûters, nos chaussures...

Jérem *[surpris]* Attendez, il faut des goûters ?

Lucas Bah ! oui, sinon je vais devoir taxer un BN à Léo, et il crache dedans avant de me le donner.

Jérem *[ouvre le frigo paniqué]* OK... Euh... des brocolis froids, ça passe en goûter ?

Léa PAPA !

Lucas *[regardant son père]* Tu sais qu'on a un placard à goûter, hein ?

Jérem *[soupire de soulagement]* Ah bah voilà !

[Il ouvre et prend... un paquet de pâtes]

Léa Mais... C'EST DES PÂTES !

Lucas *[prend le paquet, blasé]* Bon, je vais les grignoter crues, ça fera des chips.

[L'ex-femme de Jérem revient dans l'appart, ayant oublié ses clés de voiture. En ouvrant la porte, elle découvre Jérem distribuant des pâtes crues à ses enfants.]

Son ex-femme *[exaspérée]* Sérieusement ?

Jérem	*[tentant de se justifier]* Attends, je progresse, j'ai pas oublié les enfants cette fois !
Son ex-femme	*[regarde Lucas]* T'es pas encore parti ? C'est quoi ce bruit ?
Lucas	*[croquant une pâte crue]* Des chips de blé !
Léa	Il est trop sympa, notre « Papâte ».

Un plus grand partage des tâches ?

Alors certes, les choses ont évolué depuis nos papas boomers, et heureusement ! Les nouveaux pères arrivent sur le marché, et ils ont une autre mentalité.
Si dans le couple, celui qui est le moins accaparé par son travail prend en charge les affaires courantes des enfants, l'autre peut se réaliser dans son boulot sans culpabiliser. On est une équipe, et la vie est longue. Aussi peut-être que la solution est l'alternance en fonction des opportunités professionnelles. Sur certaines périodes, la carrière de la femme sera privilégiée si elle a des propositions, et son partenaire aura la chance de passer plus de temps avec les enfants, parce que c'est une chance avant tout ! Et peut-être que dans deux ans ça s'inversera. L'intérêt d'être deux est d'alterner, de s'épauler et de permettre à l'autre de pouvoir se réaliser, sans jalousie de « qui gagne plus que l'autre » parce que, je le répète, on est une équipe !
Influencés par la société suédoise (notamment), les « nouveaux pères », plus présents, plus responsabilisés, sont bel et bien là. Ils jouent avec leurs enfants, ils connaissent les Pixar sur le bout des doigts, ils animent le « chamboule-tout » à la kermesse de l'école ou participent aux réunions parents-profs, ils connaissent par cœur la choré de Sidonie pour son spectacle de fin d'année… Mais, mais, mais (car il y a plusieurs « mais »), il faut quand

même admettre qu'il y a des tâches plus « sympas » à faire que d'autres, et généralement, c'est là qu'ils sont plus présents. Il y a tout de suite moins de volontaires pour aller acheter des couches et du lait chez Leclerc le samedi matin à l'heure de pointe ou prendre rendez-vous chez le pédiatre en cas de conjonctivite purulente.

POUR ALLER PLUS LOIN

Focus sur les stratégies paternelles

Dans leur BD, *L'Arnaque des nouveaux pères* (Glénat, 2024), les journalistes Guillaume Daudin et Stéphane Jourdain rappellent que les hommes ne gèrent que 29 % des activités des enfants. Plus dingue encore, plus les hommes ont d'enfants, moins ils accompliraient de tâches domestiques. Il y a encore du chemin à faire !

Des corvées genrées

Les corvées sont encore genrées. En 1980, Georges Marchais sortait cette phrase aujourd'hui culte : « Liliane, fais les valises, on rentre à Paris ! » Quarante-cinq ans plus tard, les femmes continuent à faire les valises (71 % des mères selon l'Ifop en 2023), à laver le linge (72 %), à constituer des listes pour ne rien oublier, à faire les courses pour acheter ce qu'il manque. Bref, à anticiper. Dans mon couple, je suis convaincue que les tâches domestiques usuelles sont plutôt assez bien équilibrées, mais les tâches parentales exceptionnelles, celles qui demandent de l'anticipation, comme l'administratif, les vacances, les inscriptions à l'école ou aux loisirs, c'est plus pour ma pomme. Je m'en rends compte, et d'ailleurs mon homme le reconnaît aussi !
Pour essayer d'avoir une vision un peu plus représentative que celle de mon petit couple, je me suis amusée à soumettre un questionnaire aux copines (appelez-moi Mme Ifop !). L'objectif : voir

quelles sont les missions que les pères veulent bien endosser… et celles auxquelles ils ont renoncé. En voici quelques extraits.

Charlotte

La corvée toujours faite par son mec : les repas (j'ai de la chance, il kiffe ça) ; la vaisselle (c'est en lien avec les repas, donc ça passe) ; les devoirs (OK, c'est son boulot de prof, mais quand même, ça m'aide).
La corvée parfois : les sorties de classes (pour papoter avec ses potes papas) ; le transport à l'activité du samedi (parce que c'est pas le rush et qu'il peut écouter des podcasts en attendant).
La corvée jamais : soigner les yeux, couper les ongles, donner n'importe quel médicament (il est soi-disant phobique, il peut pas) ; déclarer les impôts ; faire les inscriptions à l'école, la musique, le sport (il est phobique administratif, il peut pas non plus) ; assurer le suivi chez l'orthophoniste (il peut pas, il a visiblement piscine) ; faire le taxi aux activités extrascolaires (pas possible, il a pas le permis, déso !).

Rachel

La corvée toujours faite par son mec : AUCUNE.
La corvée parfois : AUCUNE.
La corvée jamais : AUCUNE.

Moi

La corvée toujours faite par mon mec : les repas (il adore cuisiner) ; les courses ; les impôts (merci pour ça) ; le contrôle technique de la voiture.
La corvée parfois : le chamboule-tout à la kermesse ; les réunions parents-profs ; l'emmener au cinéma en scooter (si le film lui plaît aussi).
La corvée jamais : les inscriptions aux loisirs ; s'occuper des vacances ; prendre rendez-vous chez le médecin.

Jérém

La corvée toujours faite par son ex-femme : déposer la petite le matin (pas moyen pour moi, trop tôt) ; les repas, le ménage, la lessive, la vaisselle… toute l'intendance de la maison ! Tout l'administratif : impôts, inscriptions ; changer les couches (trop deg'), donner à manger (pas assez rapide), tous les gestes de soins en général…
La corvée quasi-tout le temps faite par elle : faire les courses (pour acheter des sodas et des chips, en revanche, je m'y colle) ; jouer (j'aime ça aussi, mais pas trop, j'ai autre chose à faire).
La corvée encore faite par elle : chercher la petite à l'école le soir ; raconter les histoires.

Je suis consciente que ces réponses n'ont rien de représentatif, mais quand même, on a bien ri !

Une injonction à l'oubli de soi

J'ai vraiment l'impression que, malgré le temps qui passe, les mères restent d'éternelles Sisyphe, condamnées à pousser la charge maternelle tout en haut de la montagne des tâches familiales, avant de devoir recommencer le jour d'après. Sauf qu'elles, évidemment, n'ont rien fait pour ça (à part des enfants). Le Sisyphe originel lui, il avait VRAIMENT fauté (y a qu'un mec pour se prendre pour un dieu).
L'autre particularité des mères, c'est, à mes yeux, qu'elles sont, en quelque sorte, des Sisyphes anonymes. Ce n'est pas qu'elles se noient au milieu de la masse des autres mamans (quoique…). J'ai plutôt l'impression que parfois la maternité induit un oubli de soi, voire pire, un deuil de son identité. J'ai émis cette hypothèse il y a déjà quelque temps de cela quand j'ai regardé l'annuaire de mon téléphone et vu que toutes les mères n'avaient pas une entrée à leur nom et prénom, mais que je les avais rebaptisées « Maman Clovis » ou « Maman Olympe ». Conclusion : on n'est

plus des personnes à part entière. On est devenues des « mères de… ». J'ai donc décidé de mettre ma théorie à l'épreuve du terrain, et de l'évoquer avec la maman de… enfin, je veux dire ma copine Louise.

Moi T'as eu l'impression de te perdre dans ta maternité, toi ?

Louise Me perdre, c'est un euphémisme ! Quand ma fille est née, j'ai eu l'impression de renoncer à qui j'étais. Pourtant, on était hyper heureux : elle était attendue depuis très longtemps (#BabyFIVn°672), on allait quitter Paris pour vivre enfin à l'étranger, projet sur lequel on travaillait depuis des années… Sauf que quand je me suis retrouvée à la maison avec la petite et que mon mec a dû aller bosser, je ne me reconnaissais plus : je n'étais plus la boss qui s'entendait hyper bien avec son équipe, qui avait eu une carrière parfaite pendant quinze ans. J'étais juste le garde-manger de cette enfant (j'ai très mal vécu l'allaitement).

Moi Oui, mais à la naissance, ça arrive super souvent de se questionner sur son nouveau rôle, comment on va évoluer… Maintenant que la quarantaine est là, ça va mieux, non ?

Louise Oui et non. Oui parce que j'ai appris à adorer la maternité. Non parce que j'ai l'impression que, à chaque âge de son enfant, il faut se réinventer, retrouver son équilibre perso. Ma fille a 10 ans maintenant, et moi, contrairement à mon mec, j'ai réorganisé mon quotidien pro autour d'elle, de ses besoins, de ses activités. Et ça marche bien côté boulot, hein ! Mais je me suis tellement reconstruite en tant que parent n° 1 (que l'école appelle quand l'enfant se crashe dans la cour de récré) qu'aujourd'hui, la petite commençant à être autonome, je me pose vraiment la question de mon utilité d'ici deux ou trois ans. Progressivement, je fais le deuil de cette moi maman indispensable. J'ai l'impression qu'il va encore falloir que je me reconstruise. C'est assez épuisant.

Moi Ah ! ouais, quand même…

On a longtemps papoté avec Louise, et elle m'a confié que cette sensation de devoir tout le temps se « redéfinir », elle l'expliquait par son surinvestissement dans la maternité et la vie familiale. Sur le papier, elle a réussi à mener vie pro et vie maternelle de front, mais elle a quand même l'impression de s'être oubliée. À l'entendre, je dirais même « sacrifiée ».
Je ne partage pas cette expérience de Louise. Dès que mon fils est né, j'ai voulu lui offrir une éducation féministe (pas de panique, il va bien !). Je me suis dit que si je voulais enseigner à mon garçon que les femmes n'ont pas à se sacrifier pour leurs maris ou pour leurs enfants, cela passait d'abord par l'exemple. Je continue donc sur ma lancée à 40 ans : mieux je me sens dans mon métier, dans ma vie, plus je rayonne et plus je passe du temps de qualité avec lui. Je suis convaincue qu'un enfant a aussi besoin d'air et de voir ses deux parents épanouis. Aujourd'hui, je ne culpabilise plus du tout si je dois le laisser pour des tournages ou autres obligations pro, car je sais que cette distance nous fait du bien à tous les deux. Je suis aussi contente de ne pas sacrifier ma vie amoureuse et de m'accorder des petits moments à deux, chose que nous avions arrêté de faire progressivement jusqu'à ses 8 ans. Si je suis heureuse de voir mon fils heureux, la réciproque est vraie.

HEUREUSEMENT, ÇA BOUGE !

À mort le *mom shaming*, vive les humoristes décomplexantes !

Depuis quelques années, une révolution douce et hilarante est en marche, notamment portée par des humoristes comme Laura Domenge, Laurie Peret, Olivia Moore… Avec un humour cinglant et bienveillant, elles brisent les tabous et déculpabilisent des millions de mères. En riant de leurs propres expériences – le manque de sommeil, les goûters industriels en cachette, les caprices en public – elles rappellent une vérité essentielle : il n'y a pas de mère parfaite, et c'est tant mieux !

Grâce à elles, on ose enfin dire tout haut ce que l'on pensait tout bas : la maternité est un joyeux chaos. Et plutôt que de se juger les unes les autres, pourquoi ne pas en rire ensemble ? Place désormais aux mamans imparfaites, heureuses et fières de l'être, qui se soutiennent entre elles.

Les politiques publiques évoluent aussi

Les politiques publiques évoluent aussi pour réduire les inégalités et permettre une parentalité plus équitable. Parmi les avancées majeures :

- L'allongement du congé paternité, qui est étendu à 28 jours en France, dont sept obligatoires. Ce n'est pas encore le modèle scandinave, mais c'est un premier pas !
- Un meilleur accompagnement pour le retour à l'emploi : trop longtemps, les mères ont subi une pénalité de carrière après un congé maternité. Aujourd'hui, des aides pour la réinsertion professionnelle, des formations adaptées et des dispositifs comme le télétravail permettent de mieux concilier parentalité et ambition professionnelle.
- Des aides sociales repensées : l'État renforce progressivement les dispositifs de soutien aux familles, avec des places en crèche supplémentaires et des aides plus accessibles pour les familles monoparentales – qui concernent majoritairement les mères.
- Une sensibilisation croissante en entreprise : de plus en plus de

sociétés mettent en place des congés plus longs pour les pères, des horaires aménagés ou encore des chartes pour lutter contre les discriminations liées à la parentalité.
- Une grande avancée dans les écoles : le 30 janvier 2025, le Conseil supérieur de l'éducation a adopté un tout nouveau programme d'éducation à la vie affective, relationnelle et sexuelle qui sera mis en place à partir de septembre 2025, à la fois en primaire, au collège et au lycée. Le but de ce programme est de promouvoir l'égalité homme-femme, la lutte contre les discriminations, le principe du consentement, et de prévenir les violences sexuelles.

Le chemin vers une égalité totale est encore long, mais ces avancées sont des signaux clairs : la parentalité n'est plus l'affaire des seules mères ! Être parent, c'est un défi à relever ensemble et non une charge à porter seule.

Les solutions que j'en ai tirées

Voilà onze ans que mon fils est né, onze années pendant lesquelles j'ai pu réfléchir à la condition des mères, onze ans que la maternité m'a rendue féministe. Comment aurais-je pu ne pas l'être ? Je vois tant de mères galérer, culpabiliser, s'épuiser, se questionner. Et même si les lignes bougent, mes proches me l'ont encore confirmé : être mère, c'est beau, mais c'est galère, même quand on a 40 ans et que les enfants deviennent plus grands. Je rêve de pouvoir changer un peu la donne et je pense qu'on peut y arriver si chacune y met du sien. Personnellement…

Je milite pour le partage de la charge éducative

Je n'arrête pas de le marteler à Jérem (notamment !). Les hommes doivent comprendre qu'ils ont tout à gagner dans un modèle éducatif plus équitable : créer des liens plus forts avec leurs enfants, avoir une relation de couple plus apaisée, avoir un foyer où le dialogue est ouvert, où la femme ne se sent pas

lésée sans pouvoir en parler. Cela demande parfois quelques changements, mais ça s'apprend !
Visiblement, j'ai dû faire (un peu) mouche car Jérem a décidé de devenir proactif en la matière en s'inscrivant à un atelier d'éducation bienveillante. Pour une fois qu'il prenait une initiative apparemment désintéressée…

Jérem Bonjour, je voudrais suivre votre atelier !

L'animateur Vous êtes papa depuis quand ?

Jérem Sept ans, mais disons que j'ai toujours été un peu largué. Je ne sais même pas où sont rangés les goûters, vous voyez !

L'animateur Ce qui est positif quand on part de loin, c'est qu'on ne peut que s'améliorer. Alors qu'est-ce que vous voudriez savoir ?

Jérem Avant d'être père, j'étais plein de bonnes intentions. Je me disais que je bannirais les écrans, que j'opterais pour les couches lavables, que je ne ferais jamais de chantage aux devoirs ou au coucher, que je serais constamment zen, doux et empathique.

L'animateur Vous êtes trop idéaliste, cher Monsieur ! Prenons le problème à l'envers : qu'est-ce que vous faites régulièrement à la maison ?

Jérem J'suis hyper fort en Lego, pour jouer au loup (enfin, on dit « touche-touche loup » d'ailleurs maintenant si vous n'êtes pas au courant), et pour accompagner les sorties scolaires (la maîtresse est charmante !).

L'animateur OK, c'est bien, mais comme tout le monde, vous faites aussi des erreurs, et ce n'est pas si grave, car ça se répare !

Jérem Quelles erreurs ?

L'animateur Vous ne m'avez cité que des tâches valorisées socialement, par exemple.

Jérem Ah oui, c'est vrai ! Je n'ai jamais pris de journée « enfant malade » au boulot, ni même géré la paperasserie. Mon ex-femme me l'a reproché au moment du divorce, et je suis tombé des nues.

L'animateur Vous voulez quoi alors ?

Jérem Je veux la nationalité suédoise pour pouvoir être un homme bien ! Et donner des Krisprolls au goûter à mes enfants.

L'animateur N'en faites pas trop non plus ! Écoutez-vous et faites-en de même avec vos besoins ! C'est la métaphore de l'avion : s'il y a un problème, mets le masque de dépressurisation en premier pour pouvoir bien t'occuper de ton enfant, car si on est dans les vapes, si on n'a plus aucune ressource, on ne va pas pouvoir aider ses enfants !

Jérem OK, mais à bord d'une compagnie suédoise, alors !

L'animateur Mais pourquoi vous tenez à être si « suédois » ?

Jérem Pour tout vous dire, c'est juste pour que Juliette l'écrive dans son livre, parce que je suis sûr que ça va m'aider à récupérer mon ex-femme. Elle adore Juliette !

Bon, au moins, Jérem a eu le mérite d'être honnête, et je me permets de rebondir sur le fait que des ateliers de ce genre existent et qu'ils peuvent être utiles. J'ai bien conscience que tout le monde n'y a pas accès (n'est pas Tony Micelli qui veut !). Une autre piste plus accessible : un petit argumentaire pour faire comprendre au parent n° 2 qu'il a tout intérêt à se retrousser plus les manches.

5 ATTITUDES IMPARABLES POUR GAGNER TOUTES VOS DISPUTES SUR L'ÉDUCATION DES ENFANTS

Ce PowerPoint vous a été offert gracieusement par Parent 1 (à présenter accompagné d'une petite musique de pub « Le goût des choses simples »).

Cher xxx (compléter ici par le prénom de Parent 2),
Tu sembles peu investi dans tes missions parentales. Sais-tu pourtant que tu y gagnerais en adoptant ces cinq attitudes ?

1. Plus d'équilibre et moins de pression financière

Assumer seule les tâches éducatives peut limiter les perspectives professionnelles de la maman. Résultat ? Une pression financière plus forte sur l'autre parent. Solution : en partageant mieux les responsabilités, les deux peuvent avoir une carrière plus stable et une vie plus équilibrée. Et l'équilibre, c'est la vie !

2. Un lien plus fort avec ses enfants

S'impliquer tôt dans la vie de son enfant n'est-elle pas la plus belle chose sur terre ? Un enfant qui partage des moments du quotidien avec son père (ou co-parent) développe un attachement plus profond et une meilleure confiance en lui. Et ça, c'est important pour l'enfant !

3. Une charge mentale allégée pour tout le monde
S'impliquer dans l'éducation et la gestion du foyer, ce n'est pas juste « aider » sa partenaire, c'est assumer sa part de responsabilité. Moins de charge mentale pour l'un, c'est plus de sérénité pour les deux et une meilleure qualité de vie familiale. La joie !

4. Un modèle inspirant pour les enfants
Un enfant qui voit son père impliqué apprend que l'égalité des sexes est normale. Cela lui donnera de meilleurs repères pour ses propres relations à venir.

5. Plus de temps libre et moins de tensions
Quand un seul parent gère tout, il est épuisé et cela crée des frustrations qui peuvent peser sur le couple. En partageant les responsabilités, on évite le ressentiment et on se libère du temps pour soi et pour son couple. Pas besoin d'un dessin !

Si ça ne marche pas, vous pouvez aussi faire un petit tableau Excel des corvées que vous assumez, avec la récurrence, le niveau de pénibilité, le coût professionnel, pour que l'autre se rende compte concrètement du temps alloué à chaque tâche. Rien de mieux que le concret.

J'apprends à déléguer

Pendant mon enquête, j'ai échangé avec ma copine Marie qui en avait gros sur la patate. Je pense que notre échange est assez révélateur de la nécessité que nous avons, nous aussi, mamans, à apprendre à déléguer. Pas facile, mais c'est important !

Marie Il ne fait RIEN !

Moi Comment ça, rien ?

Marie La dernière fois que tu es venue dîner à la maison, t'as pas remarqué qu'il a attendu que tout soit débarrassé ou plus exactement que tout soit fait pour se lever et proposer son aide ?

Moi J'ai remarqué que toi, tu débarrassais avant qu'on ait fini.

Marie Sinon personne ne le fait !

Moi Tu as déjà essayé de laisser les choses se faire ?

Marie De quoi tu parles ?

Moi D'attendre la fin du repas et de voir ce qu'il se passe quand tu ne le fais pas ?

Marie Je n'y crois pas trop, c'est comme avec les enfants, quand je les lui laisse le week-end, ils ont mangé des hot-dogs et ils se sont endormis dans le lit tous ensemble SANS SE BROSSER LES DENTS !

Moi Mais ils se sont bien amusés, non ? Toi-même tu me l'as dit ! Et ils sont vivants...

Marie Oui. Mais c'est juste que j'aime bien que les choses soient faites en temps et en heure.

Moi Et si tu enlèves la deuxième partie de la phrase, le monde va s'écrouler ? Perso, j'ai tenté un truc : ne plus faire les choses. Et devine quoi ? Les choses se font quand même !

Marie Allez, je vais tenter le truc !

Moi Banco ?

Marie Banco ! Même si je vais devoir prendre sur moi...

Moi Attention, on ne revient jamais sur un banco !

J'ai conseillé à Marie de d'abord déléguer les tâches qui étaient moins importantes pour elle, pour lesquelles il n'y aurait pas « mort d'homme », ou plutôt « de femme », si elles n'étaient pas faites dans les règles de l'art, par exemple laisser son partenaire ou ses enfants remplir ou débarrasser le lave-vaisselle. Elle s'est donc fait violence pour changer ses habitudes, comme ne pas se lever avant la fin du repas et elle s'est rendu compte que, comme par magie, sa famille s'est mise à débarrasser. Après, la force d'inertie est propre à chaque famille, elle a eu de la chance finalement, chez elle, c'était juste une question de timing ! Elle a gardé les tâches qui étaient moins bien exécutées sans elle, comme plier le linge par exemple : ses enfants le faisaient si mal que quand elle ouvrait les placards, les piles de linge lui tombaient sur la tête ; il fallait de toute façon repasser derrière eux. Elle m'a aussi avoué pourquoi elle était un peu revenue sur son banco.

Marie Je me suis rendu compte d'un truc. En fait, si je n'arrive pas à tout déléguer, c'est que dans le fond certaines tâches me font plaisir pour la finalité qu'elles m'apportent.

Moi Traduction ?

Marie Par exemple, si je fais le ménage, c'est pour que ma maison soit propre et agréable à vivre, si je fais à manger sainement, c'est pour que ma famille soit en bonne santé. Pour ces tâches, la finalité est une joie en soi et efface le sentiment de corvées ingrates et indignes. Alors non, ces tâches ne sont pas dévalorisantes, tant qu'elles améliorent mon environnement !

J'étais soufflée qu'elle voie les choses comme ça. Après tout, pourquoi pas, tant que tous les habitants de sa maison privilégient aussi l'intérêt collectif ! Car c'est souvent ça, le problème dans un groupe, c'est trop souvent la même personne qui pense aux autres. C'est là qu'un planning affiché sur le frigo précisant les tâches de chacun en fonction du jour de la semaine peut s'avérer utile pour la paix des ménages (et un petit billet de 20 euros mais qu'on décompte des courses, bien sûr, du coup ça fait qu'il ne me doit rien lol).

J'éduque pour changer le monde

Certaines mamans autour de moi me disent : c'est facile pour toi, tu as un garçon ! J'aimerais beaucoup qu'elles revoient leur définition de « facile » car au contraire, ce grand pouvoir implique de grandes responsabilités (comme dirait l'oncle Ben de Spiderman !) : celles de faire en sorte que les hommes de demain soient plus égalitaires que ceux d'aujourd'hui, n'agressent personne, partagent les tâches, comprennent les besoins de l'autre… C'est ce que je m'attelle à faire tous les jours avec mon fils. Et je sens bien que cela va continuer à être l'une de mes grandes missions maintenant qu'il devient ado et assez influençable.
Ce n'est pas si simple, évidemment, de faire comprendre à mon garçon quand il rentre de l'école que les blagues sexistes de ses copains ne sont pas drôles, qu'il n'est pas obligé de rire à ça pour s'intégrer. Mais je constate que cela porte peu à peu ses fruits. Il trouve ça nul, et visiblement, plusieurs de ses copains aussi. Je sens qu'il y a derrière tout ça des mamans militantes comme moi et je me prends à rêver que les choses sont en train de changer (même si j'ai conscience qu'on a beau vouloir mettre en pratique

nos principes égalitaires, nous restons prises dans un système où les disparités de genre persistent encore, notamment dans nos écoles). Mais petit à petit...

LETTRE À MON FILS

Bientôt, tu seras un ado, tu auras ta première relation avec une fille (ou avec un garçon) mais comme tu m'as dit que tu étais plus branché filles, je vais dans ton sens.

Je t'ai appris le consentement, je t'ai appris le respect, je t'ai appris l'égalité. Aujourd'hui, je suis fière de voir que tu sais qu'une fille est aussi cool qu'un garçon, qu'elle n'est ni sacrée, ni ta propriété, juste ton égale avec des différences intéressantes. Je sais que tu seras doux, attentionné et que tu lui demanderas toujours si c'est OK pour elle. Je repense à nos longues heures de discussion à ce sujet et je suis tellement heureuse que nous ayons pu les avoir sans tabou, sans gêne, sans jugement.

Je me souviens qu'on avait parlé ensemble de ce proviseur qui avait envoyé une note aux parents d'élèves de son établissement : « Ne mettez pas de jupes à vos filles, ça déconcentre les garçons. » Et toi, tu m'avais répondu : « Et nous, si on met des shorts, ça déconcentre les filles ?» Tu ne comprenais pas cette injustice car « quand il fait chaud, on a tous le droit d'avoir les jambes à l'air ». Je me souviens de tous tes anniversaires où tu étais le seul à inviter autant de filles que de garçons, tu invitais toute la classe en fait, intégrant les filles dans vos jeux de ballon sans te demander si elles étaient moins fortes.

Tu me demandais toujours pourquoi Papi se faisait servir par Mamie, pourquoi il débarrassait moins ? Pourquoi les présidents étaient tous des hommes et pourquoi chaque fois que tu te faisais mal à l'école, on appelait maman ? Pourquoi le nom des rues, c'est quasi toujours des garçons, et pourquoi les filles ont moins de place dans la cour de récré ? Pourquoi certaines sont maltraitées comme celles dans « l'association de maman » (Women Safe and Children) ? Ta curiosité m'a toujours épatée. Je suis si fière de toi, mon fils, et certaine que tu seras le plus merveilleux des hommes (en toute objectivité, bien sûr).

PS : Je t'aime inconditionnellement et pour toujours.

Je lutte contre l'isolement des mamans

Qu'elles soient seules, en voie de séparation ou même en couple, il y a tant de mères isolées, ou qui se sentent seules. Il me semble que l'une des clés pour être épanouie et pouvoir bien se projeter dans sa vie, c'est d'être entourée, soutenue. Souvent, ce n'est pas le cas.

Il y a plusieurs façons de construire une famille. En Italie, mon pays d'origine, toute la famille habite au même endroit. Les grands-parents s'occupent des enfants, et vice versa d'ailleurs, pendant que les parents travaillent. En Afrique, on dit qu'il faut un village entier pour s'occuper d'un enfant, alors pourquoi n'ouvrons-nous pas plus nos portes aux mamans et aux enfants des autres ?

Pourquoi ne pas vivre en colocation ? C'est ce que j'ai fait pendant des années. Quand mon fils a eu 5 ans, je me suis retrouvée à vivre en communauté dans le Sud de la France. Tout le monde s'est un peu occupé de lui, et je l'ai vu apprendre et s'épanouir comme jamais au milieu de ses nombreux « tontons » et « tatas ». L'une lui apprenant les échecs, l'autre à plonger dans la mer, avec des points de vue sur le monde allant de prof de gauche à directeur d'hôtel très capitaliste. Cette chance, je la souhaite à tout le monde ! La coloc, c'est la meilleure idée du monde, très économique et enrichissante pour l'enfant. Ce mode de vie fait un peu hippie, mais ce qu'il faut en retenir, c'est l'importance de la solidarité.

On ne peut pas tous vivre en coloc, mais pourquoi ne pas juste proposer son aide de temps en temps aux mamans isolées, des « heures de baby-sitting gratuites » pour qu'elles puissent souffler ? Le jour où ma voisine a eu une petite fille, c'est ce que je lui ai proposé comme « cadeau de naissance ». Au lieu d'un énième doudou ou autre jouet bien genré, je lui ai offert un « bon pour dix heures de baby-sitting gratos » ! Je suis passée pour une héroïne ce jour-là.

Il est en vérité bien plus facile de lire les aventures de *La Belle au bois dormant* quand on ne l'a pas fait les dix fois précédentes. Non je ne suis pas une héroïne, ce n'est pas désagréable de s'occuper des enfants des autres, sachant qu'on a juste à jouer avec eux et que la charge éducative ne nous incombe pas.

ODE AUX MAMANS DÉPASSÉES !
À toi qui es essoufflée, sonnée, exténuée, je t'ouvre mes bras.
À toi qui trouves ça dur et contraignant, je te prête mon attention.
À toi qui manques parfois à tes devoirs, qui voudrais changer de vie, je t'offre ma compassion.
À toi qui aimerais fuir, te réfugier ailleurs, je t'ouvre ma maison.
Car tu es ma sœur, tu as besoin de moi, et un jour, je le sais, tu me rendras la pareille.
Vive les mères, les empêchées, les découragées, les dépassées, les tachées du t-shirt, les ébouriffées des cheveux, les cernées des yeux, toutes les mères qu'on ne voit pas sur Instagram.
Moi, je vous vois, et vous savez quoi ? vous n'êtes pas seules.

Je milite pour une société *mom-inclusive* !

Déjà quelque chose me choque. C'est que certains lieux affichent sur leur devanture : *kids friendly*, alors que c'est la société tout entière qui devrait l'être, non ? Imaginez un panneau indiquant : *Blonde friendly*, je pense que ça serait au journal de 20 heures le soir même. Pourquoi menons-nous la vie dure aux mamans qui allaitent dans l'espace public ? Pourquoi râlons-nous quand les enfants se « tiennent mal » au restaurant ou dans le train ? Les parents se sentent déjà assez mal comme ça.
L'expérience de la maternité s'accompagne souvent d'un sentiment d'exclusion sociale. Je me souviens que quand j'ai eu mon fils, j'ai senti que je n'étais plus vraiment invitée aux soirées. C'est vrai que quand on n'a pas d'enfant, tout s'organise un peu à l'improviste, et « à l'improviste » est une expression qu'on

n'intègre plus trop dans les premières années de la vie de notre enfant. Encore un coup de Chronos qui a dû effacer le « à la dernière minute » de la vie des jeunes parents.
J'aurais tant aimé que les événements auxquels je n'étais plus invitée deviennent *mother friendly*, que mes amis me rassurent : « Ne t'inquiète pas, ça commence tôt, comme ça tu pourras rentrer tôt » ou tout simplement : « Viens, ça va être sympa, y aura d'autres enfants » ou « Tu veux que Bastien vienne te le garder ? Il a du taf en télétravail ce soir-là de toute façon. »
Maintenant que j'ai 40 ans, je fais attention aux mères, je les aide dans le métro à soulever leur poussette, je les invite à mes soirées non-fumeurs, j'arrange mes horaires pour elles, j'ai même gardé un nouveau-né pendant l'écriture de ce livre ! Il dormait, ça m'a changé quoi ?
Il faut encourager cette solidarité ! Être mère et en galère, ça peut nous arriver à toutes, et n'oublions jamais que même si on ne le fait pas pour ça, quand on donne, on risque de recevoir « fois dix ». (À bonne entendeuse !)

J'accepte que toutes les maternités soient OK !

J'adore emmener mon enfant partout avec moi, au théâtre, en tournage, lui offrant ainsi un accès précoce à la culture et refusant de décliner les sollicitations qui se sont faites plus rares. Comme je crois profondément au mimétisme, une mère épanouie inspire bien plus qu'une mère qui s'oublie. Mon fils a grandi dans un univers joyeux et stimulant, et non, il ne s'est pas couché à 19 h 30 tous les soirs... Est-ce vraiment un problème ? À la place, il a pris des shoots de joie, il a des images plein la tête et une mère qui s'éclate avec lui. C'est grave, docteur ?
Tant que la mère est épanouie, qu'elle soit maman au foyer ou PDG, disponible à plein temps ou juste « très présente sur une courte durée », l'enfant sera heureux·se de voir qu'elle fait les choses sans se sacrifier. Les deux exemples ont leurs avantages,

de toute façon l'ado au final reprochera soit d'avoir été délaissé·e et recherchera la sécurité, soit d'avoir été trop couvé·e et recherchera la liberté ! Aussi, autant se faire plaisir et jouer notre rôle de maman comme on l'entend, cela nous évitera le ressentiment de l'ingratitude lol.
Ce qui est positif dans la période actuelle c'est que de plus en plus de mères prennent la parole pour casser les clichés de la mère parfaite ! Merci Anne-Sophie Girard, merci Fanny Joly, Virginie Duplessy, Alice Bié... et vive les mères imparfaites ! Vous n'êtes pas seules !
La maternité n'est ni l'accomplissement, ni l'aliénation mais une ambivalence, un chemin pavé d'injonctions et d'inégalités, certes, mais qui s'apparente à une traversée en mer, de la houle, des vents contraires, des tempêtes parfois, des vomis par-dessus bord aussi, mais surtout des moments d'accalmie où l'expérience nous apparaît soudain comme la plus essentielle de notre vie.

Je fais en sorte que tout soit possible pour nos filles

LETTRE À TOI, LA FILLE QUE JE N'AI PAS (ENCORE) EUE

Ma chérie,

Je te promets que tu pourras être toi. Tu pourras sauter dans les flaques et te rouler dans la boue, faire des bêtises et oublier de te coiffer, parce que tu ne trouveras pas bien grave ce que « vont dire les autres ». Tu pourras prendre la place que tu veux, être sportive, intrépide, aventurière, tomber, te relever et te salir, sans que personne ne te traite de « garçon manqué » parce que tu seras une fille très réussie. Tu auras autant droit que ton frère à l'insouciance et à l'exubérance. Tu ne seras pas tenue responsable pour ses actes et ne devras pas te justifier pour lui. Tu ne seras limitée dans aucun de tes choix, que tu sois scientifique, astronaute, chauffeuse routière, esthéticienne, hôtesse de l'air ou coiffeuse. Je t'apprendrai à rêver sans limites, à croire à tous les possibles.

En grandissant, tu te sentiras peut-être encore observée, obligée d'être sage, polie, dans l'obligation de faire un bisou et de ne pas faire trop de bruit. Moi, je t'apprendrai au contraire à ne pas être docile, à ne pas vouloir plaire, à parler librement et à ne pas te laisser interrompre ou corriger, car ce que tu diras aura autant de valeur que la parole de ton frère ou d'un autre. Tu n'auras pas à surveiller ton langage, ton comportement ou tes gestes car tu ne devras pas être plus discrète que lui. Haut les cœurs, ma fille. Je te souhaite d'être visible, qu'on te remarque et qu'on t'admire car tu seras admirable !

Je t'encouragerai dès ton plus jeune âge à entretenir une merveilleuse histoire d'amour avec toi-même. Je t'engagerai à être la première auditrice de ta petite voix intérieure, à l'écouter attentivement, à lui faire confiance plus qu'à n'importe qui car elle saura ce que tu veux au fond de toi et ce qui est le plus juste pour toi. Elle te guidera et te mènera au bon endroit. J'en suis certaine.

À l'adolescence, quand tu seras regardée, désirée, et peut-être toujours sifflée dans la rue par les garçons, je t'apprendrai, s'il le faut encore, à t'en détacher, à riposter et à gagner la bataille. J'essaierai de te donner les armes pour répondre à tous les commentaires déplacés de tous ces imbéciles et à les renvoyer dans leur tour car ce sont eux qui sont enfermés dans leurs schémas moyenâgeux. Tu ne seras « à disposition » de personne d'autre que toi-même. Le jour où tu seras critiquée ou jalousée, je t'apprendrai à te détacher de ce regard des autres qui limite. Je t'apprendrai comment faire de ces rivales des alliées, des sœurs, car ensemble vous irez plus loin. La sororité sera ta devise. Elle t'ouvrira toutes les portes.

Je te parlerai des règles, de tous tes changements corporels. Je t'expliquerai à quoi ils servent. Je t'achèterai des baskets car les talons, ça empêche. Je t'apprendrai à tout faire pour que ta valeur ne soit pas indexée sur ton physique, mais sur tes idées. Tu ne seras jamais un objet décoratif, mais une tête bien faite. On t'écoutera encore plus qu'on te regardera !

Je t'apprendrai à exprimer tes désirs et à être ferme quand tu dis NON !

Je te parlerai de consentement et te raconterai le féminisme. Je ne te demanderai jamais de te plier aux désiderata d'un homme ou de te faire belle pour lui plaire, mais je te parlerai d'autonomie, d'indépendance

financière et de partage des tâches ménagères. Je te donnerai le goût de l'experte, de la lecture, et te montrerai les films qui m'ont fait avancer, des films avec des héroïnes maîtresses de leur destin, libres, et qui peuvent partir où elles veulent quand elles veulent.
Je ne te conditionnerai pas à être sérieuse et « mature pour ton âge », mais à rester une enfant qui rit aux éclats ! Je ne te « responsabiliserai » pas plus jeune que ton frère, je ne t'imposerai pas nos confidences de grands, tu ne seras jamais ma psy, le déversoir de mes problèmes, ma confidente, mon oreille attentive car ce serait trop lourd pour tes épaules.
Tu n'auras pas à me faire plaisir, à être docile, à me faciliter la vie, tu auras le droit de ne pas penser comme moi et de me le dire.
Quand tu seras adulte, tu pourras ne pas te conformer, ne pas te marier, ne pas faire d'enfant si tel est ton choix ! Et surtout, surtout, je te souhaite d'avoir la chance de vieillir comme tu l'entends, d'avoir les cheveux gris et d'aimer la vie et l'aimer même si… la société cherchera à t'imposer l'inverse. Tu verras, vieillir est une chance.

PS : Je t'aime déjà.

Pour conclure ce chapitre, je dirais que, évidement, je suis loin d'être parfaite mais je m'arrange chaque jour pour être la mère de mes rêves d'enfant, et c'est déjà pas mal ! *Mic drop* sur le sujet.

Épisode 5

40 ans, à fond la forme (ou presque) !

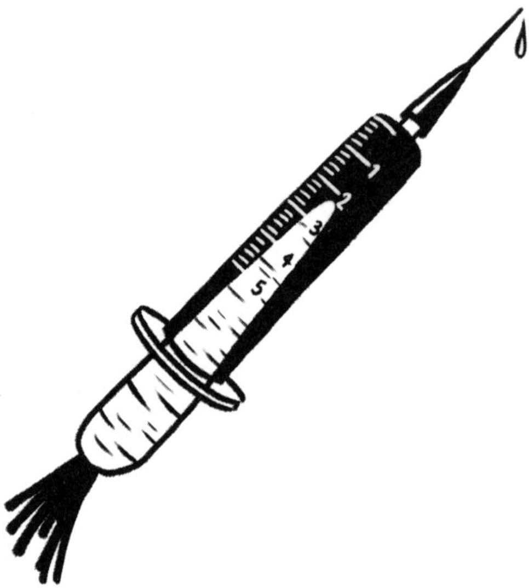

Iris J'ai lu un article sur l'arthrose, les filles, ça commence dès 40 ans !

Rachel M'en parle pas, je grince quand il pleut ! Une vieille porte insupportable !

Iris Et moi, je suis comme du pop-corn qui éclate en séance de gym dès qu'il faut plier les genoux, on n'entend que moi !

Moi T'as pensé à changer de genoux ? Avec la technologie d'aujourd'hui, ça doit se remplacer comme un téléphone, non ?

Iris Non, je prends du collagène tous les matins avec ma vitamine D, mon Immunity Boost, ma vitamine C, plus ma cuillère de vinaigre de cidre pour mieux absorber mon glucose. Et évidemment, ma cure de propolis annuelle pour booster mon système immunitaire !

Rachel Tu te lèves la veille pour pas être en retard, quoi !

Moi Un dessert et un petit digeo, les filles ?

Iris Dès le matin ? C'est chaud quand même !

Moi Non, je voulais dire pour maintenant, ça vous dit ?

Iris Alors moi, j'arrête le sucre, j'ai lu que passé 40 ans, notre métabolisme était au ralenti.

Rachel Et moi je suis plutôt tisane digestive. Quoique, après je dois tout le temps me lever la nuit… À la limite, un déca ?

Iris Oh ! joie. Va pour deux décas !

Moi Je pense qu'il faudrait qu'on revoie notre définition de la joie !

Quand Iris a commencé à nous raconter ses dernières révélations découvertes dans *Notre temps* (elle le pique à sa mère, nous a-t-elle dit), j'ai dû m'avouer que nos soirées avaient bien changé. On est loin de la revue témoignages *caliente* dans *Cosmo* autour d'un *Sex on the beach* (le cocktail, *of course*). Cela dit, elle avait raison. À 40 ans, on a beau se sentir encore trentenaire dans sa tête, le corps parfois nous ramène à la raison. Eurêka (#expressiondeboomer), il fallait continuer mon enquête par là !

Être en bonne santé à 40 ans, ça veut dire quoi exactement ?

On ne va pas se voiler la face : quand on pense « santé féminine à 40 ans et plus », le sujet prédominant dans nos conversations commence par un M et finit par « énopause ». Et c'est vrai qu'au cours de cette décennie, les hormones nous titillent. Sinon, tous les voyants restent plutôt au vert côté forme (sauf évidemment quand on est une lectrice hypocondriaque de *Notre temps* comme Rachel). Tous ? Non, car il y a ce petit lot d'indices – qui finissent par mettre la puce à l'oreille – d'une santé, qui, doucement mais sûrement, n'est plus aussi au top qu'avant.
En tout cas, c'est la conclusion à laquelle je suis arrivée en demandant à mes proches : « Côté santé, 40 ans c'est l'âge où… ? »

Alors, côté santé, 40 ans c'est l'âge où…

Ma cousine Victoire (maman de quatre enfants) : Quand tu ris, tu fuis ; quand tu éternues, tu fuis aussi ; quand tu sautes à la corde, tu fuis encore.

Iris : Tu te mets à la marche rapide, moins violente pour les genoux que le jogging.

Jérem : Tu es dans la short-list du taux de cholestérol le plus élevé de ta boîte !

Ma tante : Tu commences à avoir des protections menstruelles tout le temps dans tous tes sacs, car tu ne sais jamais quand ils débarquent, ces British !

Mon père : Tu commences à ne plus différencier le O d'un Q. *(Sortie de son contexte cette phrase est très cheloue mais en l'occurrence mon père parle bien de lecture.)*

Ma copine Élise : J'ai senti que tous les petits soucis de santé liés à la maternité étaient derrière moi quand j'étais en pleine forme et pleine d'énergie. Et heureusement, parce qu'il en fallait pour prendre soin des autres !

Ma cousine Sarah (celle qui est juste un brin plus vieille que moi) : Tes hormones font le *roller coaster* dans ton corps. Elles oscillent entre les périodes d'excès, et là, tu douilles, t'as mal aux seins, tu saignes abondamment et tu deviens irritable. Et dans les périodes où elles se font rares, les bouffées de chaleur arrivent, les muqueuses s'assèchent et la libido nous dit « Au revoir » façon Giscard d'Estaing ! Et bon appétit, bien sûr !

Ma mère : Tu commences une période écolo, plus besoin de chauffage : on a une bouillotte dans le ventre, on sue la nuit. C'est mieux qu'un yoga bikram ! Mais ne t'inquiète pas, tu as encore le temps !

Et moi, j'en pense quoi ?

Ben moi, je pensais innocemment que tout allait bien. Enfin, non... Pour être totalement honnête, ça faisait quelque temps que j'observais quelques menus changements que j'avais volontairement choisi de mettre sous le tapis, question de les faire disparaître par magie. C'est quand même globalement génial d'avoir 40 ans, la preuve avec l'acceptation de cette liste des choses que je ne peux plus vraiment faire depuis quelque temps (et franchement, je vous le redis, c'est OK).

- **Lire sans lunettes.** Eh oui, je suis devenue presbyte avec le temps. Après, mes lunettes sont tellement stylées que je me sens aussi sexy qu'une très sexy bibliothécaire !
- **Aller chez le dentiste sans relever le plafond de ma carte bleue.** Depuis qu'il utilise des mots plus sophistiqués comme « parodontite » ou « onlay », je sais que ses devis aussi seront plus délicats.
- **Manger au McDo et terminer la fondue en rentrant chez moi,** sans passer une nuit à le regretter amèrement, voire prendre un kilo que je ne perdrai plus comme avant en trois séances d'aquagym. Non celui-là, il m'aime, il reste !
- **Participer à trois conversations en même temps dans la même soirée.** Je pensais être trop embrouillée, et puis mon généraliste m'a dit, il n'y a pas si longtemps : « Peut-être qu'il serait bien de faire un petit bilan auditif ? »
- **Faire le grand écart facial,** mais ça ne m'empêche pas d'avoir une vie sociale normale et d'être toujours invitée aux soirées maintenant que mon fils a grandi (même si je me limite à deux conversations simultanées).
- **Picoler sans avoir une énorme gueule de bois le lendemain matin !** De mon côté, ça a du bon : je regrette moins ce que j'ai pu dire ou faire la veille au soir.

- **Me souvenir de tous les prénoms des techniciens sur les plateaux de tournage.** Pas grave, je dis tous les matins « Bonjour tout le monde » pour ne pas me tromper. Et ça passe crème.

Et côté hormones, tu te sens comment ?

Ça, ce sont des petites choses normales qui me donneraient presque le sourire, mais après avoir entendu ma mère et ma cousine Sarah, j'ai commencé à flipper. Enfin, j'ai surtout flippé, il y a quelques mois, quand j'ai fait une petite soirée avec ma sage-femme préférée Charline Gayault, mon experte dans *Orgasmiq*.

Charline Tu as combien de retard ?

Moi Cinq jours…

Charline Tu penses que tu es enceinte ?

Moi Je viens d'acheter le test !

Charline Ça te ferait plaisir ?

Moi C'était pas vraiment au programme.

Charline Ça pourrait être les premiers signes de préménopause aussi !

Moi Déjà ?

Charline Chez certaines femmes, ça commence tôt, vers 42-43 ans, tes cycles deviennent irréguliers, ton humeur passe de Jean-Pierre Bacri ou plutôt de

Massacre à la tronçonneuse à Oui-Oui sous ecsta' en un temps record.

Moi C'est fou cette décennie, où tu ne sais pas si tu es enceinte ou potentiellement préménopausée. Quelle galère !

Charline C'est transitoire, rassure-toi, dans quelque temps tu auras enfin une vie sans tampons, ni serviettes, ni SPM !

Moi Combien de temps ? Parce que ce n'est pas ma passion de jouer au yoyo avec mes hormones...

Charline Toutes les femmes sont passées par là !

Moi Pourquoi elles m'ont rien dit ?

Charline Parce que la ménopause, c'est comme Beetlejuice : si tu dis son nom trois fois, elle risque d'arriver.

Moi Je croyais qu'on ne pouvait pas y couper de toute façon. Je vais peut-être faire mon test de grossesse quand même.

[Je reviens deux minutes après.]

Moi Négatif !

Charline Pas trop déçue ?

Moi Non, c'était pas notre projet.

Charline OK, alors assieds-toi, faut que j'te raconte une petite histoire : « Il était une fois, au pays de la préménopositivité, Mme Progestérone puis Mme Œstrogène qui préparaient leurs valises pour prendre congé de ton corps… »

Moi Tu sais quoi ? Dis juste la vérité !

Tu seras préménopausée, ma fille (et plus si affinités) !

Charline a donc passé la soirée à tout m'expliquer, et n'a pas pu s'empêcher d'utiliser des métaphores Disney. En gros, voilà ce qu'il s'est dit.

Elle m'a fait comprendre que cette joyeuse période de la préménopause (ou périménopause si on prend le terme médical exact) allait être à l'image de l'attraction « la Tour de la terreur », avec, à la place de l'ascenseur, un taux d'œstrogènes qui grimpe, grimpe, grimpe jusqu'à tout là-haut, puis stagne, avant de chuter dans le vide au point où tu huuuuuurrrrrllllles ! À la différence près, évidemment, que tu *choisis* de monter dans la Tour de la terreur, contrairement à la préménopause qui t'est gentiment imposée par ton corps.

Puis elle m'a expliqué ce qu'il risquait de se passer dans mon corps, une sorte de *Il était une fois... la vie*, si tu as grandi dans les années 1980, ou, pour être plus moderne, un *Vice-Versa* dans ton corps. Et j'étais loin de me douter que mes émotions pouvaient se jouer de moi, car dans mon métier, c'est plutôt l'inverse.

Vice-Versa dans mon corps

Je vous présente donc Peur, Tristesse, Colère, Dégoût et Joie (OK, vous les connaissez déjà sûrement du film Pixar, mais franchement, ça marche aussi bien pour l'enfance et l'adolescence que pour la préménopause) ! Voici leurs réactions à l'annonce de l'arrivée de la petite Prémenop.

Peur Oh ! là, là, les filles, ça y est, c'est le grand remplacement !

Tristesse C'est passé si vite, hier encore j'avais 20 ans…

Colère Moi, je suis là en permanence, mais je ne sais même pas pourquoi !

Peur Les hormones, sans doute ?

Colère Ah ! si, je sais, parce que c'est trop injuste d'être déjà à la retraite !

Tristesse On est déjà *has been*, ça me donne envie de pleurer !

Joie Les filles, allons, c'est pas la fin de la vie non plus.

Colère La fin de la vie fertile, si ! Les hommes, eux, ils ont du rab, ils peuvent faire des enfants jusqu'à 80 balais ou plus.

Joie C'est pas conseillé non plus !

Tristesse Non, mais ils ont le choix ! Nous, on n'a même plus le choix d'avoir le choix ! Ça nous enlève une liberté, quoi ! Ça me donne envie d'en faire une chanson…

Joie Moi, je dis que c'est une bonne chose, la fin des règles. On entre dans une autre phase de notre vie, assez excitante, je trouve !

Tristesse *[chante]* « Ne me quitte pas, il faut oublier… »

Peur On va se faner ? On va avoir des rides, du gras du bide, de l'ostéoporose ?

Dégoût On va devenir flasques et fripées, transpirer dans les draps, avoir des auréoles sous les bras, des fuites à chaque éternuement, grincer des genoux. Beurk !

Joie Mais non, regarde, là, on n'a jamais été aussi belles !

Peur Ouais, pour notre âge…

Joie Non, tout court, on est tellement épanouies !

Peur Faut en profiter… C'est bientôt l'âge de l'invisibilité !

Joie Grand bien lui fasse ! Notre proprio sera moins importunée dans la rue, elle pourra danser tranquille aux soirées… Enfin, un peu de répit.

Peur Ses patrons vont la licencier ?

Joie Elle trouvera un autre travail, plus valorisant, où elle sera plus écoutée que regardée.

Peur Son mec va la quitter !

Dégoût T'inquiète, il perd ses cheveux, lui !

Peur Ça ne les arrête pas, les midinettes de 20 ans !

Joie Mais non, notre proprio a tellement plus d'expérience…

Peur Je ne crois pas que ce soit l'expérience qui soit sexy !

Dégoût Pour les hommes, certainement pas...

Colère Eh bien qu'elle vive avec une femme, au moins elles se comprendront !

Joie Ça ne se décide pas ! En revanche, ce qui se décide, c'est de prendre les choses du bon côté, avec philosophie : fini les dépenses hygiéniques et la charge contraceptive... Plus de temps et d'argent pour elle !

Tristesse *[qui continue à chanter]* « Oublier ces heures qui tuaient parfois, à coups de pourquoi, le cœur du bonheur, ne me quitte pas... »

Colère Elle commence à me courir sur le haricot, Tristesse. J'ai envie de l'emplafonner !

Joie STOP ! Ça suffit ! C'est pas du tout joyeux de vous écouter ! Ciao les déprimos ! Moi, je filoche, parce que là, si déjà à 40 ans j'entends ça, on n'est pas sorti de l'auberge.

Tristesse Tu vas où ?

Joie Je vais dans un corps qui se rend compte du privilège que c'est de vieillir, qui a envie de croquer la vie à pleines dents, de sourire aux premiers venus, de courir dans les prés, tant qu'il en est encore possible, et de danser comme une folle sans se soucier du regard des autres.

[Joie s'en va.]

Colère Elle m'énerve, Candy ! J'ai envie de lui faire bouffer ses nœuds dans les cheveux, et c'est pas parce que j'ai mes règles !

Tristesse *[chantant]* « Ne nous quitte pas », Joie...

Colère C'est pas avec cette chanson qu'elle va rester. C'est vrai, fais un effort, Tristesse ! C'est glauque, là !

Dégoût Ça me dégoûte toute cette tristesse !

Tristesse *[chantant] « Always look at the bright side of life ! »*

Dégoût et Colère Voilà, c'est mieux.

Tristesse Allez toutes en chœur !

Ces trois dernières *« Always look at the bright side of life. »*

Joie Ah ! ben voilà, là je reste !

Bref, depuis quelque temps, dans mon corps, c'est l'emballement, la teuf des hormones. Je commence à m'y faire, mais une question continue quand même de me tarauder : comment ça se fait qu'on ne m'ait pas prévenue plus tôt ?

Chuut, on n'en parle pas !

Ça sent quand même un peu le tabou, tout ça. J'ai donc décidé d'en toucher un mot à mon experte historique. Après tout, elle est assez douée, en règle générale, pour m'aider à prendre un peu de hauteur. Alors la préménopause, pourquoi c'est la grande oubliée du débat ?

Experte historique En réalité, le problème ne relève pas simplement de la préménopause. C'est toute la sphère du sang des femmes qui a toujours été taboue.

Moi C'est vrai qu'on chuchote à chaque demande de tampon. C'est ridicule, c'est carrément le mot qu'il ne faut pas prononcer : c'est Voldemort ! Mais, si on est logique, ça voudrait dire que la préménop devrait sonner la libération et la fin du tabou, non ? Et pourtant, ce n'est pas le cas.

Experte historique Non, car la femme a toujours eu une vocation reproductive selon notre cher patriarcat. C'est pour cela que l'on cache notre ménopause. Elle sonne « la fin de l'utilité féminine », donc, c'est dans notre intérêt de la cacher...

Moi On ne pourrait pas enfin changer de disque ?

Feminy Cricket Elle a raison, Ju ! Il est temps de changer le cours de l'histoire ! On arrête avec le terme de « ménopause sociale », et on parle de « libération festive », où chaque femme reprend pleinement possession de son corps. Nous sommes plus qu'un appareil reproductif, bordel !

Experte historique Je veux bien réécrire l'histoire avec toi !

Moi Alors là, vous me plaisez, les filles ! Ce serait chouette que la préménop soit carrément un non-sujet !

Experte historique *[qui est aussi super calée en géo]* C'est le cas au Japon, où le terme « ménopause » n'existe même pas !

Moi C'est parfait, ce voyage a toujours été sur ma *wish-list* ! J'appelle Brad et je prends mes billets !

Experte historique Elle est réactive…

Feminy Cricket Très ! J'espère juste qu'elle parle du vrai Brad…

Je suis réactive mais je dois aussi me rendre à l'évidence : mes médecins ne m'avaient jamais parlé de la préménop. Et globalement de la ménopause non plus. Alors certes, je n'ai pas encore 50 ans, mais il n'est jamais trop tôt pour anticiper. Mais ça, visiblement, ce n'est pas au programme de notre vision toujours très masculine de la santé. Eh oui, il existe chez les médecins comme chez les cinéastes un *male gaze* dont on se serait bien passées !

POUR ALLER PLUS LOIN

Le *male gaze* dans la santé, vous connaissez ?

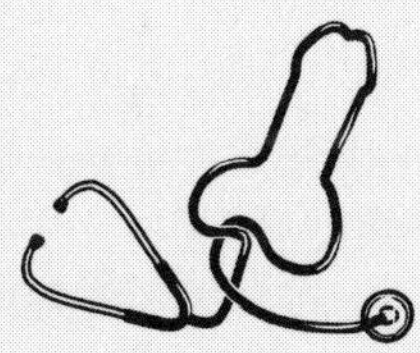

Comme le dit très bien le médecin généraliste Martin Winckler dans son merveilleux livre *C'est mon corps* (L'Iconoclaste, 2020), les médecins continuent de soigner avec des dogmes qui viennent de l'Ancien Régime, du catholicisme ou même de la psychanalyse. De ce fait, les femmes subissent, selon lui, une double inégalité de santé : une inégalité de genre et une inégalité de ressources. Les essais cliniques ont longtemps été basés en grande partie sur un échantillon d'hommes blancs. Aussi, les femmes, les personnes racisées ou précarisées sont pénalisées.

Les femmes sont clairement soumises à ce que l'on pourrait appeler un « *male gaze* médical ». Rien de sexualisé comme au cinéma.

En revanche, la prise en charge des patientes est imprégnée de préjugés. Ainsi dans une étude de 2022, la cardiologue Prima Wulandari constatait que, en cas de cholestérol, les hommes se voyaient plus fréquemment prescrire des médicaments (les statines) alors que les femmes recevaient plutôt de la part de leurs médecins des conseils relevant de l'hygiène de vie[11]. Les urgences tendraient aussi à prendre en charge plus vite un homme qu'une femme. Pourquoi ? Certaines maladies seraient plus attribuées aux femmes qu'aux hommes et inversement par les médecins, du fait du genre des patients, expliquant ainsi le sous-diagnostic des infarctus ou des AVC chez les femmes (alors que ces deux pathologies sont responsables de la mort d'une femme sur trois). Pour le médecin Martin Ducret, ce type de biais est dû « aux codes sociaux de la féminité (fragilité, sensibilité, expression verbale) et de la masculinité (virilité, résistance au mal, prise de risque) qui influencent l'expression des symptômes des patients, et la façon dont les professionnels de santé dépistent et prennent en charge certaines maladies[12] ». Aïe !

Et la charge médicale, on en parle ?

J'ai quand même bon espoir que, avec les perspectives d'amélioration qu'on a en matière de santé (on y reviendra), la préménopause devienne un sujet plus positif pour les femmes de 40 ans (et plus bien sûr). J'ai aussi bon espoir que les femmes se consacrent davantage à leur propre santé et pas seulement à la santé des autres.

11. Résultats de l'étude présentée au congrès de l'European Society of Cardiology à Singapour le 3 décembre 2022 : « Gender bias in primary prevention of cardiovascular diseases : a nationwide analysis of the United States samples » à la session « Risk Factors and Prevention ».
12. Martin Ducret, « C'est ma santé », Franceinfo, 11 décembre 2022 [en ligne].

Mon cœur ?
C'est quand le prochain rendez-vous du petit ?

Car oui, quoi qu'on en dise et aussi féministe que l'on soit, on reste toujours très souvent, en tant que femmes, tournées vers les autres et le *care*, le soin. Ainsi, parmi toutes les femmes autour de moi, il n'y en a pas une qui m'ait dit un jour : « C'est mon conjoint qui s'est occupé de prendre rendez-vous pour le vaccin du petit » ou « Bien sûr que mon mec connaît les rendez-vous M'Tes Dents » (les bilans de prévention dentaire pris en charge par la Sécu tous les trois ans jusqu'à 24 ans – au cas où...). Vous allez peut-être vous dire que je repars dans mes tours féministes. Pourtant, je fais simplement un constat : la charge médicale de la famille repose encore très souvent sur les épaules des femmes, et à 40 ans, même avec des enfants plus grands, on reste en plein dedans. Comme me le rappelait encore récemment mon amie Rachel.

Rachel On peut parler de mon ex-mari ? Je pense qu'il est un bon échantillon représentatif de la paternité engagée... Dans ce qui l'arrange.

Moi Mais vas-y, exprime-toi, défoule-toi !

Rachel T'es prête ? Je sors les doss'. 1) Il ne connaît pas le poids de notre fille. Donc il ne sait jamais quelle quantité de Doliprane lui donner. Et pourtant, faut pas être bac + 12 à ce stade : elle a 10 ans maintenant, donc niveau dosage, c'est même plus au kilo près comme avant ! 2) Il ne sait pas comment s'appellent la pédiatre et la pédopsy ! Enfin, je suis dure : il connaît leur prénom, mais tu m'accorderas que pour prendre rendez-vous sur Doctolib, c'est un peu limite. 3) Il ne l'a jamais emmenée chez le dentiste parce qu'il est « phobique » des dents. Et maintenant qu'elle a un appareil dentaire, l'orthodontiste, c'est pareil. Elle l'a déjà perdu deux fois, il dit qu'il s'en occupe… Mais il laisse traîner, jusqu'au moment où je craque (parce que moi, je sais qu'il faut trois mois pour avoir un pauvre rendez-vous qui va flinguer ton emploi du temps un mardi matin à 10 h 30). 4) Il pense que j'en fais toujours trop, que je suis sur-flippée, que tout va passer… C'est comme ça qu'on s'est retrouvés aux urgences pédiatriques quand elle avait 18 mois. Pour lui, c'était une petite toux de rien du tout. En fait, elle était en détresse respiratoire à cause d'une bronchiolite. 5) Sans compter ses rendez-vous à lui que j'ai organisés à sa place pendant quasi quinze ans. Bref, je ne pense pas qu'il soit très familier avec la notion de « charge médicale »…

Moi T'as peut-être bien fait de divorcer au final…

POUR ALLER PLUS LOIN

Quelques chiffres sur la charge médicale…

Au fil de mes recherches sur la charge médicale, j'ai croisé ces quelques chiffres qui m'ont semblé tout à fait éloquents.

- En 2021, 81 % des rendez-vous pris pour un mineur sur la plateforme Doctolib ont été réservés par des femmes[13].
- Les mères déboursent plus d'argent pour les soins de la famille (plus de 100 euros par mois pour 12 % des femmes, contre 9 % des pères).
- Cette charge médicale aurait un impact direct sur leur niveau de salaire avec le recours au temps partiel ou aux journées pour enfant malade.

---

13. Bruno Mauger, « Le suivi médical de la famille, l'autre charge mentale des femmes », *Le Monde*, 1er juillet 2022.

- Enfin, 61 % des femmes affirment avoir renoncé à leurs soins ou leurs loisirs pour la gestion de la santé du foyer, contre 49 % des hommes.

Je ne sais pas vous, mais personnellement ça me fait froid dans le dos !

J'en profite pour glisser une petite référence de lecture si, comme moi, cette situation vous hérisse le poil : *Le travail domestique de santé*, de Geneviève Cresson (L'Harmattan, 1995).

La santé de nos aînés

Organiser la vie médicale du foyer, c'est pénible, mais ce n'est pas une tâche qui incombe aux seules quarantenaires. En revanche, c'est souvent à cet âge qu'on est confronté·es à la fragilité de la génération de nos parents. Et non seulement la prise de conscience est dure, mais en plus, la santé des aîné·es peut devenir une charge supplémentaire.

J'ai eu cette prise de conscience de la fragilité de mes parents (et de leur génération), il y a quelques mois. Ma mère m'a appelée vers 7 h 45, j'ai pris de ses nouvelles et elle m'a expliqué qu'elle n'avait pas dormi de la nuit car elle venait d'apprendre que son frère devait se faire opérer du cœur. J'ai eu mal au mien, ma vue s'est brouillée, mes oreilles ont bourdonné. J'ai pris conscience que maintenant que je n'avais plus mes grands-parents, c'était au tour de la génération juste au-dessus de moi d'être fragilisée, et que bientôt ce seraient mes propres parents. En descendant les poubelles, perdue dans mes pensées, j'ai claqué la porte sans prendre mes clés, m'enfermant ainsi dehors, alors que j'étais attendue sur le plateau de *Scènes de ménages* quarante-cinq minutes plus tard, que je devais enchaîner ensuite sur le voyage en train qui m'emmènerait pour deux mois loin de Paris !
Je suis donc partie à mon tournage sans rien ! Ni argent, ni téléphone portable, demandant de la monnaie à une dame sur le

trajet pour prendre le métro. Et puis, j'ai laissé mon père gérer. Comme quand j'avais 14 ans. Il a appelé un serrurier pour ouvrir la porte, a bouclé mes valises et me les a gentiment apportées sur le tournage ! Le message était clair : j'ai encore besoin de vous, oncles, parents ! Je suis tout à fait consciente que j'ai de la chance : ce n'était finalement qu'une nouvelle un peu difficile à digérer. Mais j'admire depuis quelque temps déjà des femmes de mon âge devenues aidantes de leurs parents, cherchant des solutions pour les maintenir autonomes le plus longtemps possible, ou gérant leurs urgences…
Depuis, je vois mes parents autrement, je fais plus attention à eux. Il faut bien que je me rende à l'évidence, qu'ils n'ont pas la même forme qu'avant. Il est grand temps de rendre la pareille, comme chez tous les mammifères sociaux. Nous voir plus souvent, ou au moins fréquemment prendre de leurs nouvelles, leur proposer mon aide. Une société plus intergénérationnelle pourrait être la solution, brasser les crèches et les Ehpad serait bénéfique pour tout le monde. Cette mixité de générations serait une grande richesse pour tous (vous l'entendez la petite musique de pub « Le goût des choses simples » arriver ?). Et bim le slogan : « ne passons pas à côté de nos aînés ! »

Oups, je me suis oubliée…

Entre la charge médicale de nos enfants et la santé de nos parents qui commence à vaciller, je me suis demandé quel impact concret tout cela pouvait avoir sur notre quotidien. Ma première intuition a été la suivante : « C'est sûr, les quarantenaires sacrifiées que nous sommes renoncent à aller se faire soigner au bénéfice des moins costauds (à savoir nos enfants et nos partenaires). » En réalité, c'est plus compliqué (voir encadré). Pas le choix donc, je me suis retroussé les manches et je suis retournée sur le terrain auprès de ma petite troupe de complices. Difficile d'en tirer des conclusions universelles, mais j'ai quand même été hallucinée quand, au cours de différentes discussions, plusieurs amies m'ont confié des expériences assez similaires.

POUR ALLER PLUS LOIN

Quand les femmes renoncent aux soins...

Selon l'Observatoire de non-recours aux droits et services, 64 % des personnes ayant reporté (ou renoncé à) des soins au cours des douze dernières années sont des femmes.
Plus récemment, l'Insee[14] rappelait que les femmes renoncent légèrement moins à se faire soigner que les hommes, mais qu'elles le font pour d'autres raisons. Les hommes citent avant tout le tarif ; les femmes, leur situation familiale. On y revient.
Une autre explication : les femmes auraient plus de difficultés à envisager qu'elles sont en mauvaise santé. Elles sont certes plus résistantes à la douleur mais ont tendance à la minimiser. Quand il s'agit d'appeler le Samu, elles le font quinze minutes plus tard si c'est pour elle. « Oh ! j'ai un peu mon cœur qui s'emballe, mais je vais aller chercher Théo, Léo et Cristobal à l'école avant. » Oui, ça peut paraître surprenant d'appeler son enfant Cristobal, mais surtout de ne pas s'écouter et de s'oublier à ce point. Mais rien n'est surprenant au vu de notre éducation !

Exemple : ma copine Jeanne. Son constat du haut de ses 44 ans : « J'ai toujours cru que franchement j'étais en bonne santé. Hormis quelques aléas du quotidien (migraines, règles douloureuses), je n'allais quasi jamais chez le médecin. Je voyais mon mec, qui a une maladie auto-immune, et les enfants, qui comme tous

14. Chaupain-Guillot S., Guillot O., Jankeliowitch-Laval E. « Le renoncement aux soins médicaux et dentaires : une analyse à partir des données de l'enquête SRCV », *Économie et Statistique*, 2014, nos 469-470.

les gosses passent leur temps chez le pédiatre au cours de leurs cinq premières années, et je me suis dit “pour moi, ça roule”. Et puis à 43 ans, au détour d’un gros moment d’épuisement pro, j’ai été obligée de me rendre à l’évidence : mes migraines se multipliaient à tel point que j’ai fini avec un traitement de fond. Mes règles étaient de plus en plus douloureuses, et là on m’a diagnostiqué des fibromes utérins qui m’ont valu une belle opération. En fait, ça faisait des années que je supportais deux maladies chroniques en me disant juste que c’était normal d’avoir mal régulièrement. Ça a été un bon rappel. Depuis, je ne prends plus mes visites de contrôle à la légère. »
L’expérience de Jeanne montre encore à quel point les femmes sont capables d’intérioriser leurs maux, de relativiser leur vécu pour donner la priorité aux autres. Je pensais que ce ne serait pas le cas en matière de santé. Je m’étais visiblement trompée !

Et puis d’un coup… la grosse alerte !

Un jour, il est arrivé un truc à ma copine Élo. Elle aussi, elle fait partie de mon club de « quarantenaires rugissantes » (comme les appelle mon père), qui parfois rient un peu trop fort pour leur vessie, mais profitent de leur meilleure vie maintenant que leurs enfants ont grandi. Sauf qu’elle a eu droit, il y a maintenant deux ans, à un petit rappel à l’ordre de la vie. Pourtant, elle est sportive, elle a une bonne hygiène de vie. Sur le papier, elle coche toutes les bonnes cases, mais voilà…

Moi Franchement, quand j’y pense, t’es clairement ma copine la plus *survivor*.

Élo Trop fière d’avoir décroché le totem de l’immunité cardiaque… Sauf que j’aurais préféré rester dans la catégorie « habituée du paracétamol ». Au début, je pensais que j’étais tranquille, persil, comme dirait Jérem.

J'avais ma pilule et deux, trois antidouleurs pour l'endo. Et encore, mon endométriose, c'était pas le pire.

Moi T'as vraiment rien vu venir ?

Élo Bah... presque rien. Enfin, avec le recul, je me sentais fatiguée, oppressée, essoufflée... Mais bon, comme je bossais comme une dingue et que je suis naturellement anxieuse, je me suis dit : « C'est juste ma personnalité. » Même les palpitations, je les ai mises sur le dos du boulot. J'ai même vu un cardio une fois, mais il m'a dit que c'était probablement de l'anxiété.

Moi C'est fou quand même... Un infarctus à 42 ans !

Élo Clairement, je ne m'attendais pas à avoir un aussi mauvais karma. Pour moi, l'infarctus, c'était un truc qui n'arrivait qu'aux mecs amateurs de charcut' en chemise mal repassée de 65 ans, et que tu ne pouvais pas rater, vu la douleur au bras qui te faisait direct appeler le 15. Moi, rien à voir : des petites douleurs dans le dos, des nausées... Rien d'inhabituel quoi. Donc j'ai fini par penser : « Bof, ça va passer. »

Moi Et c'est ta pote qui a tilté, c'est ça ?

Élo Heureusement, j'étais à un dîner chez une copine, une vraie ninja des premiers secours. Quand je lui ai raconté mes symptômes, elle m'a regardée comme si j'avais annoncé que je comptais me mettre au CrossFit : « Non mais, ça va pas, on appelle le 15 tout de suite. » Grâce à elle, je suis encore là pour boire un café avec toi aujourd'hui.

Moi C'est chaud…

Élo Grave. Maintenant, je m'écoute. Avant, j'étais le genre de personne à flipper pour ma fille dès qu'elle dépassait 37,5 °C ou pour ma mère quand elle mettait plus de deux minutes à répondre à mes WhatsApp. Là, j'ai capté que ce serait peut-être bien de faire preuve de la même vigilance pour moi. Genre : si mon corps crie « au secours », je pourrais, je sais pas… l'écouter, par exemple ?

Élo s'en est bien tirée, mais elle a raison : notre santé dépend aussi de l'importance que nous nous accordons. Alors à 40 ans, il est temps de dire m… à l'oubli de soi ! La priorité pour la prochaine décennie : nous considérer (et notre santé par la même occasion) comme le trésor que nous sommes !

HEUREUSEMENT, IL Y A DU MIEUX !

Une meilleure sensibilisation de la médecine aux problématiques de santé féminine

Entre les hormones, la charge médicale, le *male gaze* des médecins, on pourrait croire qu'à 40 ans on est mal barrées ! En réalité, les lignes bougent en matière de santé aussi, et franchement, il y a de quoi se réjouir.
Parmi toutes les choses qui vont mieux, je célèbre…

La fin du tabou de la ménopause !

On n'a jamais autant parlé de la ménopause et ça, c'est un TRÈS BON signe ! On parle même de « ménopositivité » ! Alors, certes, le terme à un côté très marketing/business. Il est l'occasion rêvée de nous vendre mille et une crèmes pro-jeunesse et autres compléments alimentaires, mais il a surtout l'avantage de libérer la parole.
Il y a quelques mois, j'avais reçu sur le plateau d'*Orgasmiq* Natacha Dzikowski, la grande prêtresse de la ménopositivité et autrice des

ouvrages *J'ai l'âge que je veux !* et *Belle et bien dans son âge* (Leduc, 2023 et 2021). Pour elle, la vie est un continuum dans lequel on navigue, on apprend, on change notre rapport aux autres, on s'ouvre... Et la ménopause est dès lors un deuxième printemps durant lequel on peut jouir de tout librement !
À 40 ans, on est rarement ménopausée. Mais normaliser et valoriser ce temps de vie différent qu'est la ménopause, c'est aussi autoriser les femmes à vivre la période qui la précède sans tabou et librement. J'en suis certaine : la préménopause deviendra bientôt un non-sujet !

Une vraie sensibilisation politique sur la santé de la femme
Pour que les femmes de 40 ans vivent plus sereinement leur santé, il faut reconnaître leurs spécificités, leur donner des droits. Et ça aussi, ça avance. Dans les mois qui viennent de passer, on a vu apparaître en France une mission parlementaire dédiée à la ménopause, une proposition de loi pour « améliorer et garantir la santé des femmes tout au long de leur vie »... On va peut-être enfin bientôt nous permettre d'avoir 40 ans en bonne santé en toute légalité, lol !

Une évolution des pratiques et des outils médicaux
Des applis pour aider les femmes à mieux comprendre la préménopause, des algorithmes pour accompagner les médecins dans leur diagnostic de l'endométriose, des hôpitaux qui mettent en place des parcours de soins spécifiques pour certaines maladies féminines... Les progrès de la médecine prennent aussi désormais en compte les particularités des femmes en matière de santé. Enfin ! Et c'est sans compter qu'il y a désormais presque autant de médecins femmes que d'hommes (49,3 % en 2024 selon le Conseil national de l'ordre des médecins contre 37 % il y a vingt ans). Le *male gaze* médical sera bientôt de l'histoire ancienne !

Les solutions que j'en ai tirées

Je dois bien avouer que cette enquête a eu le mérite de mettre quelques points sur les *i*. Du coup, j'ai réfléchi : quels sont les bons gestes que j'ai déjà adoptés et quels sont les progrès que je peux encore faire (*spoiler* : on peut toujours mieux faire, et c'est OK !), et globalement, quels sont les enseignements que j'ai à tirer de tout cela ? Zou, on fait l'bilan, calmement, comme si on avait... 40 ans !

Je fais le deuil de mon immortalité

Dans mes plus jeunes années, je n'avais pas de limites, je pouvais oublier de manger car trop occupée à répéter une pièce, je pouvais faire la bamboche toute la nuit et hop, un peu d'anticernes faisait l'affaire, je pouvais courir sur le macadam sans avoir mal aux genoux, boire et manger à souhait sans le regretter... Bref, mon corps n'avait pas d'emprise sur moi, et la santé n'était pas ma priorité. Quand on me demandait « ça va ? » je répondais mécaniquement « ça va, ça va » pour vite éluder « ce passage obligé » et attaquer directement les vraies questions existentielles, du genre « Attends, mais je me suis vue en photo, je te jure, j'ai grossi du dos, on dirait ma mère ! »
Et puis un jour, la bascule : je suis chez le médecin, dans la salle d'attente, et contrairement à mes habitudes, mon choix s'oriente vers *Top santé* plutôt que sur mon *Voici* habituel ! Quoi, j'étais plus intéressée par les réels effets du collagène que par le divorce des Brangelina ! Ça, c'était bien nouveau. Et de là, l'engrenage... Je passe des magazines aux documentaires, je bois les paroles de Michel Cymes, je télécharge l'appli pour calculer mes pas, je fais des *dry monday*, dès le début d'une soirée, je planifie mon retour pour « assurer » mes heures de sommeil, le Biocoop et la parapharmacie sont devenus mes plans shopping du samedi...

Je prends enfin conscience que je ne suis pas un vampire immortel, je me rends compte que pour durer, je dois me préserver. Les « prends soin de toi » que je détestais entendre avant, je me mets à les dire à tous les gens que j'aime. Je m'intéresse enfin à ce qu'il faut manger, j'ai découvert des légumes oubliés (les rutabagas, omg), j'achète du curcuma ou des baies de Goji, des poudres de collagène ou de la vitamine D ! Bref, je prends enfin soin de moi ! (Ne me demandez pas si tout marche, en tout cas, ça ne me fait pas de mal !)

J'ai décidé de prendre soin de mon corps !

Alors oui, à 40 ans, je vois moins bien et je mets plus longtemps à récupérer... Bref, pour certaines choses, mon corps fonctionne globalement moins bien qu'il y a dix ou vingt ans. Mais en parallèle, ces petits aléas n'ont rien à voir avec l'expérience de mon corps que j'ai acquise. J'ai appris à le connaître mieux, à comprendre comment il fonctionne.

J'ai compris que pour le maintenir en forme, je devais changer des habitudes qui ne m'apportaient rien. Ce sont celles du genre :

Bouloter des aliments ultra-transformés, enfumer mes poumons et évidemment picoler parfois un peu trop.

Erreur (OK, tout le monde le sait...) ! J'ai mis du temps, mais à 40 ans, je ne fume plus, j'ai mis le holà sur le sucre et les graisses, je consomme beaucoup de protéines, d'oméga 3 et de magnésium en compléments alimentaires.

Chercher à obtenir la silhouette de Kate Moss !

Faire de la gym ? OK ! Mais j'ai longtemps pensé que les filles musclées n'étaient pas très sexy et qu'il valait mieux me préserver pour éviter les courbatures. Erreur ! Aujourd'hui, je prends plaisir à pousser trois fois par semaine la porte de la salle de gym et à y aller franchement ! Je sais que maintenir, voire développer, ma masse musculaire me sera hyper utile quand, dans quelques années, mes muscles commenceront naturellement à moins bien fonctionner (les pros parlent de « sarcopénie »).

Passer du temps sur les réseaux sociaux pour me vider la tête.
Avant, je finissais toujours en mode zombie au milieu de la nuit. Aujourd'hui, je n'hésite plus à couper Insta pendant plusieurs jours et à profiter du temps gagné pour reprendre la lecture des bons romans, difficiles au premier abord, mais qui font travailler ma mémoire, mon imagination et stimulent mon cerveau au passage.

Subir le stress imposé sur les plateaux de tournage.
Avant, je rentrais chez moi épuisée, je dormais mal, j'étais irritable, épuisée, pensant que le stress faisait partie du métier. Erreur ! À 40 ans, j'ai compris qu'aller souffler en faisant un tour en forêt ou une séance de cohérence cardiaque plutôt que de rester boire des coups avec les collègues de travail était plus intéressant sur le long terme pour ma santé physique et mentale.

Bref, j'ai compris que mon corps était mon véhicule pour toute ma vie et que je devais l'entretenir, voire le chérir.

J'ai compris que les check-up, c'est pas comme les antibiotiques, ça devrait être automatique !

Il y a quelques mois encore, j'étais un peu comme Jeanne. Moi et les examens médicaux, on ne faisait clairement pas la paire. Et puis, j'ai eu une petite discussion avec Iris. Ici, une explication s'impose car la particularité d'Iris est d'être la plus hypocondriaque de tous mes potes, celle qui n'a jamais raté une newsletter de Doctissimo depuis 2009 et suit tout un paquet d'influenceurs santé sur TikTok. Certes, c'est un peu *too much*, mais elle a le mérite d'être bien informée. Pour elle, chaque examen dermato et chaque grain de beauté est une source d'angoisse, mais elle a le mérite de m'avoir ouvert les yeux.

Iris On n'est pas à l'abri d'un infarctus du myocarde, même quand on est une femme. Savais-tu, par exemple, que tu as plus de risques de faire un infarctus si tu as de l'hypertension, du diabète ou même à cause de certains facteurs psychosociaux ?

Moi Tu es donc hyper hypocondriaque !

Iris Ben quoi ? C'est important de savoir qu'à âge égal les femmes présentent plus de risques cardio-vasculaires que les hommes ! Au fait, tu as fait ton frottis ? C'est tous les cinq ans maintenant !

Moi Pas encore…

Iris Tu devrais ! 40 ans, c'est le pic de diagnostic du cancer du col de l'utérus, justement ! Et la mammo ? T'as des antécédents familiaux ? Parce que, OK, le dépistage officiel, c'est à partir de 50 ans, mais si t'as eu des cas dans ta famille, ça peut être dès 40 ans, et parfois même avant ! Et palpe-toi les seins régulièrement, hein ?

Moi Je palpe, crois-moi, je palpe…

J'honore ces rituels (ou « tours de manège », comme j'aime les appeler) comme des petits passages obligés qui me régalent à chaque fois. Je suis même finalement passée par la case mammographie ! La mammo, c'est ce savant mélange entre une pression bien tonique de plaques glacées métalliques, ton sein comme un hot dog, et les commentaires répétés quinze fois (au moins) de l'opérateur radio qui hurle : « Arrêtez de bouger/respirer

(d'exister visiblement), mademoiselle ! » Précisons qu'évidemment tu ne bouges déjà pas, tu arrêtes de respirer quand on te le dit, tout ça pour t'entendre dire « MADEMOISELLE » ! Alors, je le rappelle pour ceux qui seraient restés au XXe siècle : les « Mademoiselle », c'est non, c'est *niet*, c'est *out* ! Bref, un vrai moment de bonheur !
Côté tour de manège, on a connu mieux, mais ça ne m'empêche pas régulièrement d'attraper la queue du Mickey (sur les manèges, c'est le pompon qui te faisait gagner des tours gratos), et je me fais un plaisir de faire du zèle. La preuve avec ma technique de palpage. Là encore, votre vous de demain me remerciera !

STOP ! Arrêtez-vous sur cette vidéo pendant quelques minutes ! C'est une manière ludique de comprendre l'autopalpation. En plus c'est moi en hôtesse de l'air, ça vaut le détour, ou plutôt le décollage !

Je ne fais plus de la ménopause tout un plat, et la préménopause passe comme une lettre à la poste !
La ménopositivité a du bon. La preuve : elle nous engage à penser ce moment incontournable de notre vie sous un autre angle, et du coup, la préménopause aussi. Comme je suis une bonne élève, j'ai donc sorti mes jolis crayons et mon papier et j'ai fait une liste des bonnes raisons de se réjouir d'être bientôt ménopausée ! OK, la sécheresse vaginale, les bouffées de chaleur, et tout le toutim existent… Mais ces symptômes sont le signe que :

- Ton corps se libère de la « machine à bébé » à laquelle il était assigné. Tu n'as plus « d'utilité sociétale » ? Faux ! Tu deviens simplement une personne détachée de la pression de reproduction. Hallelujah !
- Tu peux enfin te lâcher et faire des économies : c'est la fin du stress de la contraception et des protections !

- Tu rejoins un club de 14 millions de personnes. Une Française sur deux est ménopausée. L'occasion de te faire plein de nouvelles potes !
- Tu passes enfin dans le camp des femmes libres et vénérables (par « vénérables », j'entends évidemment qu'elles sont adulées). La preuve ? Chez les Indiens Mohaves ou les Mayas, la fin de la fertilité est le signe d'un renouveau social et érotique, une étape de l'épanouissement sexuel. Chez les Betis au Cameroun, la ménopause libère les femmes de leurs obligations sexuelles à l'égard de leur époux : elles ont le droit d'exiger de faire chambre à part ! Ce changement de statut est officialisé par le langage : la femme qui n'a plus ses règles est appelée « femme importante ».

Pour conclure ce chapitre, je dirais : vive la ménopause ! Et en attendant qu'elle arrive, réjouissons-nous déjà de l'avant !

POUR ALLER PLUS LOIN
Pour reconnaître l'utilité de l'âge, si on s'inspirait...

Des éléphants

Chez les éléphants, toutes les générations cohabitent dans le groupe, y compris les femelles qui ne sont plus en âge de procréer.
Selon des chercheurs de l'université de Turku en Finlande, la présence de la grand-mère éléphant est ultra-utile car :

- les petits ont huit fois moins de chances de mourir si la matriarche s'occupe d'eux ;
- sa présence permet de diminuer l'intervalle de temps entre chaque naissance afin que la majorité des petits naissent pendant qu'elle est encore en vie et donc capable de veiller sur leur santé.

Des orques

En 2015, un groupe de biologistes a observé 102 orques du Pacifique, et en suivant neuf épisodes migratoires de saumons royaux – le repas favori de l'orque –, ils ont dressé ce constat : les femelles orques ménopausées font d'excellentes meneuses. Elles sont détentrices d'un savoir précieux pour la survie du groupe et sont capables d'aider les plus jeunes à trouver de la nourriture. Les femelles post-productrices peuvent améliorer la condition physique et les chances de survie de leurs proches, grâce au transfert de connaissances écologiques.

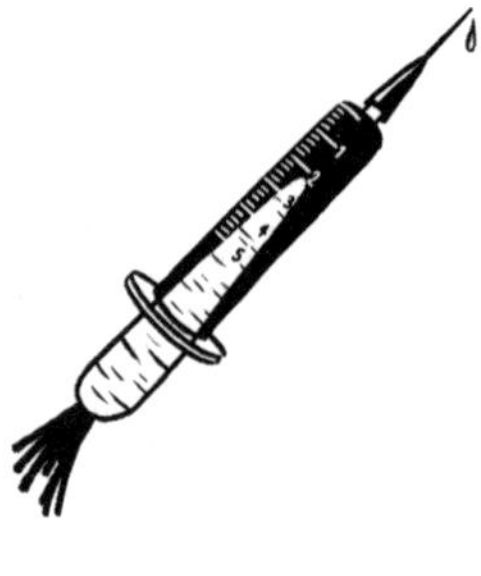

Épisode 6

Le bien-être à 40 ans ? Namasté!

À ce stade de mon enquête, j'avais la sensation d'avoir la réponse à presque toutes mes questions. Toutes sauf peut-être une : c'est quoi se sentir bien et en équilibre à 40 ans ? Et qui de mieux pour s'y coller que l'experte parmi toutes les expertes, la sage parmi les sages : ma mère !
Après tout, du haut de ses 70 ans, ma mère avait l'expérience de la quarantaine et des années de pratique de la santé mentale en tant que psy. Et comme ma mère ne fait rien comme les autres, elle m'a confié une lettre pour répondre à ma question : « Dis Maman, c'était comment quand t'avais 40 ans ? C'est quoi la clé pour être heureuse, simplement ? » Voici sa réponse.

LETTRE DE MA MÈRE

Ma petite chérie,

Tu me demandes comment c'était quand j'avais 40 ans ou un peu plus... À vrai dire, je ne m'en souviens pas beaucoup. Non pas que ce soit si lointain, mais parce qu'il est difficile dans ma mémoire de resituer les choses avec exactitude. C'est comme si je te demandais de me raconter le quotidien de tes 15 ans !

Il est sûr que ce temps a passé très vite, entre mon couple, toi, ma seule enfant, le développement de mon activité, les mobilités professionnelles de ton père qui était toujours très focalisé sur sa carrière, ma vie, souvent entre deux pays (celui où il travaillait et Paris où j'avais mon cabinet), mes activités associatives, mes ami(e)s, les sorties... Une vie pleine et trépidante qui m'allait bien.

À toi qui t'interroges sur ce qui t'attend dans les années à venir, je dirais :

Avoir 40 ans, c'est comme recevoir un abonnement premium à l'existence, celui qui te permet d'accéder à tous les fruits de la vie sans restriction. Imagine que tu arrives dans un jardin magnifique, avec, au milieu, un arbre extraordinaire. Sur cet arbre poussent les fruits les plus merveilleux du monde. Avant, tu étais habituée à choisir ton préféré ou celui que tu connaissais déjà. Désormais, tu vas pouvoir enfin accéder à tout, sans t'en refuser un seul. Fini le temps où tu devais choisir entre la pomme et la poire. Maintenant, c'est buffet à volonté.

D'ailleurs, à 40 ans, tu as le droit de dire ce que tu penses et d'être qui tu es vraiment. Oui, même si ça implique de me dire que mon gratin de chou-fleur est plus sec que le Sahara. Depuis l'adolescence, tu es sous le regard des autres ; tu te dis qu'il faut te conformer à ce qu'on attend de toi, qu'il faut plaire. Plaire pour être vue, être repérée, être regardée, surtout dans ton métier d'actrice. Bref, exister.
Désormais, tu vas pouvoir t'affranchir de ce regard et gagner ta liberté. Ta référence va être en toi et non plus dictée par les autres. Tu es à l'âge où ta boussole interne te prémunit de toute dérive : ta morale, tes valeurs, tes fondamentaux, sont acquis et solidement ancrés.
Ce qui t'attend est le plus merveilleux des voyages. Va vers ta légèreté, vole vers ta créativité déjà si grande ! Et souviens-toi que la quarantaine est l'âge où l'on peut tout oser : oser faire des choses que tu n'avais jamais faites, oser être toi-même, oser te moquer de l'opinion d'autrui, sauf peut-être des personnes qui te sont très proches.
Tu rentres dans l'âge de la réalisation de toi-même ; tu vas récolter tout ce que tu as semé, goûter tous ces fruits aujourd'hui à maturité. Je l'ai observé notamment dans le monde du travail : tu rentres dans un âge d'or où l'on va te respecter, où tu vas être reconnue pour tes compétences, ton expérience, ton intelligence.
J'ai vu un jour, lors d'une conférence sur le management au féminin, la vidéo d'une guenon qui régnait en impératrice depuis dix-sept ans sur son groupe de chimpanzés. Tout le groupe de primates était autour d'elle. Elle, elle ne faisait strictement rien. Elle était magnifique, royale, tranquillement assise, les autres femelles et mâles la regardaient avec admiration. Elle avait des détracteurs bien sûr, mais elle ne faisait rien face à leurs stratagèmes ! Elle était au centre, s'autorisait à exister et assumait sa légitimité. Eh bien, crois-le ou non, cette guenon m'a plus inspirée que tous les modèles dont on nous parle aujourd'hui !
Je pense que la quarantaine, c'est exactement ça : le moment où les femmes sont puissantes. À l'instar de cette matriarche magnifique, c'est à ton tour de t'asseoir sur ton trône imaginaire et dire : « Je suis la reine de ma vie, et mon sceptre, c'est mon stylo pour signer les contrats ! »
Avec le recul, j'en suis convaincue : l'âge n'a aucune importance, sauf peut-être en matière de fertilité, bien sûr. Pour le reste, c'est la détermination, l'assurance, la volonté d'agir et de vie, « l'en-vie » qui

font la différence. Et tout ça, je sais que tu l'as en toi : tu es belle, tu es forte, tu es intelligente et tu es attentive à ceux que tu côtoies. Tu vas vers le meilleur, c'est sûr !
Surgiront peut-être, de temps en temps, des doutes, des coups de blues, quelques rides qui vont t'inquiéter, mais je sais que tu vas traverser tout cela avec facilité, en sachant contourner ou surmonter l'obstacle en majesté. Ma chérie, va en confiance vers ce qu'est la vie et profite ! Profite de chaque moment, laisse-toi surprendre, fête chaque victoire, célèbre aussi les défaites, car c'est des échecs que l'on apprend le plus !
N'oublie pas : la vie est une garden party où le buffet est ouvert jour et nuit, et toi, tu es la reine du zoo humain. Sois curieuse de ce qui t'attend ! Et quand tu seras arrivée là où je suis aujourd'hui, envoie-moi un message ! Où que je sois, ma petite chérie.
Ta Mum qui t'aime.

Après avoir essuyé quelques larmes et entamé un second paquet de mouchoirs (on ne reçoit jamais assez de lettres de sa maman), j'ai réalisé une chose : pour ma mère, il n'y avait, à la quarantaine, ni crise, ni injonction, ni soumission au regard de l'autre. Simplement une invitation à jouir d'une liberté nouvelle. Et si c'était ça, finalement, la clé d'une quarantaine sereine et épanouie ? Facile à dire quand on est la sage parmi les sages, l'experte parmi les expertes… Mais moi, j'en étais où du haut de mes 40 ans et quelques poussières ? J'ai donc décidé de ressortir mes stylos et mes surligneurs comme si j'étais de retour sur les bancs de la fac et de faire une analyse de texte de ma vie de quarantenaire, en bonne et due forme, lettre de ma mère à l'appui. Bilan des courses : aujourd'hui, je suis heureuse comme jaja ! À 40 ans, « le spleen n'est plus à la mode, c'est pas compliqué d'être heureux » ? Pas tout à fait, Angèle. Le grand ciel bleu sans nuage n'est pas facile à atteindre tous les jours mais on peut essayer de s'accommoder le plus possible des jours gris ou des jours de pluie aussi. « Le bonheur ce n'est pas d'attendre que l'orage passe, c'est d'apprendre à danser sous la pluie », comme disait l'autrice britannique Vivian Greene (une belle phrase d'agenda de cinquième).

Pour être encore mieux, je me suis mis de bonnes notes !

Comme j'évolue au quotidien dans un milieu professionnel assez particulier (âgisme, sexisme, je n'y reviens pas), j'ai longtemps cru qu'à 40 ans les carottes seraient cuites, qu'à cet âge je serais sûrement aussi périmée que le dernier yaourt de la barquette qui traîne pendant des semaines au fond du frigo. Et pourtant, ma mère a raison. Je ne me suis jamais sentie aussi compétente et en phase avec moi-même qu'à 40 ans. Comment ? En me faisant confiance et en m'écoutant.

Tu veux faire quoi quand tu seras grande ?

Je m'en souviens encore parfaitement. Le lendemain de mes 40 ans, je suis allée rendre visite à une amie, qui dans notre groupe fait un peu office de « coach de vie ». Je suis en général assez sceptique car certains conseils de développement personnel sont assez impersonnels justement. Je ne suis pas une adepte de l'happycratie, cette nouvelle dictature du bonheur, qui est une autre forme d'injonction. Cependant, je lui fais confiance, à Fanny, parce qu'elle respire la joie de vivre, et, au fil des cafés et des considérations plus ou moins intéressantes sur cette nouvelle décennie qui commençait, elle m'a posé trois questions apparemment toutes simples, mais qui, un lendemain de grosse fête étaient aussi de grosses colles :

- Où en es-tu dans ta vie ? Et si tu devais lui donner une note de satisfaction sur une échelle de 0 à 10, laquelle serait-ce ?
- Où aimerais-tu en être ? Et si tu devais noter le stade où tu en es aujourd'hui sur une échelle de 0 à 10, lequel serait-ce ?

- Qu'est-ce que tu pourrais faire pour changer, pour être là où tu as réellement envie d'être ? Quel temps peux-tu dégager pour focaliser ton énergie sur ce qui est important pour toi ?

C'est comme je veux, et si t'es pas content...

À la question 1, je me suis attribué la note de 8 (si on était dans un dîner presque parfait, ce serait... presque parfait !). Pourquoi ? Parce que j'ai réalisé qu'il était loin le temps où je me suradaptais, où je faisais ce que les autres avaient envie que je fasse. Il est loin le temps où je voulais faire plaisir à mes parents, pour qu'ils soient fiers et rassurés, loin le temps où je me pliais aux envies de mes amies pour éviter d'être seule. À l'époque, mon mantra, c'était plutôt : « Comme tu veux, moi tout me va ! » Mais ça, c'était avant ! Aujourd'hui, mon mot d'ordre c'est : « Comme je veux et ça, ça me va ! » Je suis actrice de ma vie, je fais plus confiance à mon intuition qu'aux conseils des autres. Mon regard et ma vision comptent plus que les jugements extérieurs. Je sais ce que j'aime et ce que je n'aime pas. Je suis enfin en adéquation avec mes valeurs et mes actions dans tout ce que j'entreprends. Résultat : je ne perds plus de temps car je sais enfin où je veux aller, il me suffit de m'écouter. Et quand je m'écoute, j'ai encore plus envie d'écouter les autres, de les considérer et de me mettre à leur place. Ce que je pensais être un acte égoïste est en fait un élan vers les autres. Je peux d'autant plus aider les autres que je me sens en phase avec moi.

Oser faire un pas de côté, prendre des risques, on n'a qu'une vie après tout

À la question 2, sur l'étape de vie, je me suis attribué la note de 7, car à bien y réfléchir, je suis très satisfaite des choses que j'ai accomplies jusqu'ici !

Et pour ce 7/10 complètement admirable, je tiens à féliciter ma grande curiosité et ma capacité d'écoute qui m'ont permis d'anticiper un certain nombre de problèmes.
Dès l'âge de 30 ans, alors que je multipliais les projets, je savais déjà qu'ils allaient se faire plus rares, et que, pour durer, il fallait que je me diversifie. Il en a découlé mon envie de « faire un pas de côté » et de créer mon propre contenu sur YouTube. L'objectif : écrire mes histoires, me donner des rôles variés et surtout faire entendre ma voix.
Quatre chaînes YouTube et deux livres plus tard, surprise : je reçois la médaille de chevalier des Arts et des Lettres, qui a rendu fier mon père, et rien que pour ça, ça valait le coup. Pour lui, c'était le signe que j'avais gagné en légitimité auprès de mes pairs et des institutions culturelles ; et les papas, ils adorent les médailles, bien plus que nous d'ailleurs !
Ce qui est intéressant dans ce « pas de côté », c'est qu'il m'a apporté des rôles inattendus à l'écran, via des élèves des écoles de cinéma dans lesquelles j'étais venue donner des master class, ou via des rencontres pendant les séances de dédicace de mes livres. Bref le « faire soi-même » attire les propositions venues d'ailleurs. Donner avant de recevoir... On en revient toujours au même.
Toutes les rencontres les plus magiques sont arrivées dans des moments improbables. Je vous souhaite donc de vous perdre, de ne pas toujours emprunter les sentiers balisés et surtout de ne pas suivre la route des autres car c'est la leur, comme son nom l'indique ! Comme le disait mon grand-père : « Ne demande jamais ton chemin à celui qui le connaît, tu risquerais de ne pas t'égarer. » Forte de ces expériences, j'ai désormais confiance en l'avenir. J'ai hâte d'être à demain !

Libre d'agir (et tout cela, grâce à moi) !

À la question 3, sur le sens de la vie, je me suis attribué la note de 10... même s'il n'y avait pas à s'évaluer sur celle-ci (première de la classe un jour, première de la classe toujours) !
Cette question « Qu'est-ce que je peux faire pour changer » m'a amenée à réaliser... que je ne voulais rien changer. Aujourd'hui, j'ai la liberté d'agir à ma guise, de créer et de monter mes projets les plus fous, juste pour la beauté de l'aventure. Aujourd'hui je peux « accoucher » de mes sujets sans avoir à convaincre les autres de leur pertinence. Mieux encore, je peux le faire quand j'en ressens le désir, et ça, c'est un grand luxe ! Et cette autonomie, je la dois aux risques pris il y a dix ans.

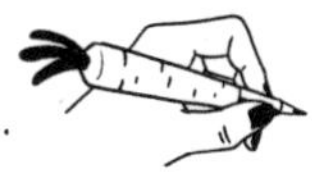

Cinq entrées à rayer sur ma bucket-list (parce que ça y est, c'est fait !)

- ☐ M'assurer une autonomie financière pour créer librement.
- ☐ Rassembler une équipe merveilleuse et les ressources nécessaires pour créer à ma guise.
- ☐ Écrire ce livre pour parler d'âgisme et de sexisme, collaborer avec l'éditrice parfaite qui me fait confiance.
- ☐ Créer ma boîte de production pour écrire un film à ce sujet (je vous présente Proacting Studio !).
- ☐ Agir pour faire bouger les lignes pour la condition féminine.

Pour être encore mieux, j'arrête d'être accro au succès !

En tant qu'enfant des années 1980, biberonnée au capitalisme, j'ai été élevée à indexer mon bonheur sur la valeur travail, sur la performance de mes résultats et sur mes succès (gagner beaucoup d'argent en premier lieu). On a été, en quelque sorte, programmé·es pour viser les petites (et grandes) victoires, puis à se projeter directement dans celles d'après. Parce qu'après tout, on n'a jamais assez de succès ! C'est une fuite en avant, une sempiternelle insatisfaction.

L'arnaque du succès !

Résultat : comme une très grande partie de mes ami·es, je suis devenue, une fois adulte, accro au boulot. Je le constate encore aujourd'hui. Quand je glande, je culpabilise, mon flic intérieur me rappelle à l'ordre : « Tu dois produire, tu dois avancer, la vie, c'est un effort permanent qui doit t'amener au succès. » En réalité, le succès (professionnel) est la plus grosse arnaque depuis l'invention du concept du prince charmant !

POUR ALLER PLUS LOIN

Riche et célèbre ? Mouais, bof !

Jim Carrey est d'accord avec moi. Ouais, j'suis super influente. Ou alors, c'est moi qui suis d'accord avec lui…

L'acteur américain a ainsi déclaré lors d'une conférence : « Pour être heureux, j'ai testé pour vous l'argent et la célébrité, et je dois vous dire que ce n'est pas la solution. »

La réponse du public : « C'est facile à dire pour toi : tu es riche et célèbre ! »

Ce à quoi il aurait rétorqué : « Si moi je l'ai testé et je vous dis que non, qui pourra mieux vous le confirmer ? »

Je ne serai jamais Marion Cotillard et je ne gagnerai sûrement pas d'oscar. Mais est-ce ça mon chemin finalement ? Est-ce que cela ferait vraiment mon bonheur ? L'oscar, ce serait classe quand même... Mais j'ai pris conscience récemment que l'épanouissement n'est pas proportionnel à l'influence, la reconnaissance ou la productivité. Quand j'observe mon mec dont la seule ambition est d'être le plus en paix possible au milieu des roses et des épines qu'offre la vie, je me souhaite de lui ressembler de plus en plus en vieillissant. Il se fout la paix, il vit, point. Ce qu'il m'a appris : rien ne sert d'avoir de moment de « hauts », si on n'en profite pas et qu'on est déjà dans la quête de notre prochain shoot de succès !

Accepter les bas !

Une autre caractéristique commune des enfants des années 1980 ? On nous a souvent élevé·es à « faire semblant que tout va bien » en souriant de toutes nos dents comme l'enfant de la pub Kinder. Un gros bas, un gros chagrin ? Non, non, tout va bien ! Un Mars et ça repart ! Jeune adulte, j'ai tenté de changer mon fusil d'épaule. J'avais toujours autant de mal à accepter les bas, mais je minimisais tout après coup. Je tournais mes échecs ou tous les moments durs en quelque chose de positif, quitte à vivre dans une fiction. Je me disais : « Cet événement-là est arrivé pour une bonne raison, pour m'enseigner quelque chose. » En d'autres mots, je me voilais la face, je ne regardais pas cet échec avec lucidité.

Aujourd'hui, je sais que ça ne marche pas, que nier ou réinterpréter la réalité à sa sauce n'apporte rien et qu'il y a certaines choses qui ne dépendent pas de moi. Il faut juste traverser ces épreuves de la manière la plus *smooth* possible, comprendre que la plupart d'entre elles sont surmontables et que demain on fera mieux !

Selon la loi de Pareto, 20 % des actions que nous faisons rapportent 80 % de nos résultats. Ça signifie que 80 % des actions ne nous apportent quasi aucun succès. C'est dire si l'échec fait partie du processus ! À 40 ans, je le vois clairement : si je n'avais pas été la Poulidor des castings, je n'aurais jamais eu le temps d'écrire des rôles pour moi. Sans ces échecs, je n'aurais jamais créé mes propres projets, bien plus personnels, bien plus importants pour moi au bout du compte. J'ai su surmonter ces ratés d'actrice et je suis devenue créatrice. Et c'est cela qui me rend aujourd'hui si fière !

Mon fils m'a demandé récemment si le bonheur existait. Avant, j'aurais dit oui sans réfléchir. Aujourd'hui, je suis plus nuancée, je pense qu'il y a des instants de bonheur à savourer et à chérir et des instants compliqués que je me souhaite de moins en moins longs à encaisser grâce à l'expérience de la vie et ma nouvelle complicité avec Chronos.

PS : Je l'ai eu, mon Oscar. Et contrairement à la statuette, il est de chair et d'os (c'est le prénom de mon fils) !

Pour m'alléger, j'ai décidé de faire le tri !

Si je me réjouis aujourd'hui de mon bilan, c'est aussi parce que dans mon esprit, c'est très clair : je sais ce que je veux faire du temps qu'il me reste ! Donc zou, je me suis débarrassée du superflu (parfois un peu brutalement !).

J'ai fait le tri des projets, parce que je le vaux bien !

J'ai commencé par faire le tri dans mes projets. Ceux que je faisais avant par peur du vide ou pour faire plaisir aux autres, je les ai laissé tomber pour monter ceux qui me motivaient réellement (d'où mes bonnes notes précédentes !).

Certains de ces projets ont eu moins de succès, et pourtant je les trouve plus profonds, plus aboutis, peut-être plus clivants que ce que j'ai pu faire avant. Même s'ils sont moins populaires, je suis ravie de les défendre ! Alors attention, ce n'est pas du snobisme car j'aime ce qui est populaire et je trouve ça magique de parler au plus grand nombre, mais parfois être un peu plus de « niche » me va bien aussi, parler aux initiés et partager des idées moins *mainstream*.

Ménage de printemps dans mon carnet d'adresses

En faisant le tri dans mes projets et mes priorités, un ménage de printemps s'est imposé dans mes relations. Eh oui, maintenant que j'ai 40 ans et que je sais ce qui est essentiel pour moi, je ne veux plus aimer à moitié ou être aimée à moitié. J'ai décidé de ne plus faire d'exceptions, de ne plus tout nuancer ni tout accepter. Il y a pour moi deux catégories de gens : ceux qui se remettent en question et évoluent et ceux qui pensent que c'est toujours la faute des autres. J'ai décidé de me séparer de cette deuxième catégorie, plus du tout en phase avec mon nouveau moi.
J'ai posé mes limites et choisi les personnes auxquelles je consacre du temps. Et vu que mon temps est de plus en plus précieux, j'ai fait une sélection drastique. Désormais, mon monde se résume donc en deux catégories : les personnes qui comptent et celles qui ne comptent absolument pas. Résultat : j'ai gagné un temps fou et une tranquillité d'esprit en ne me souciant que de la première catégorie. Quel soulagement ! J'aurais dû le faire plus tôt, mais à 20 ou 30 ans, je n'avais pas ce discernement.

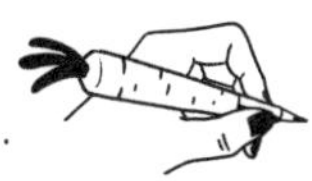

Ces numéros qui ne figurent plus dans mon smartphone…

- ☐ Anna, qui n'avait que des services à me demander.
- ☐ Hugues, qui faisait encore en 2024 des blagues sur les blondes.
- ☐ Renaud, divorcé et beaucoup trop dragueur.
- ☐ Ce réalisateur, certes prestigieux, mais problématique !

- ☐ Marion, qui m'appelait pour prendre de mes nouvelles, mais qui en fait ne parlait que d'elle pendant trois quarts d'heures avant de raccrocher.
- ☐ Alphonse, qui me doit de l'argent !
- ☐ Léonie, qui n'a que des galères et que je dois constamment sauver.
- ☐ Hélène, qui n'envoie que des notes vocales d'une heure et demie sans rien avoir de concret à me dire.
- ☐ Anaïs, qui ne m'appelle que pour critiquer Pierre.
- ☐ Pierre, qui ne m'appelle que pour bitcher sur Anaïs.
- ☐ Jérôme, qui veut juste que je signe ses pétitions ou que j'aille à ses manifs.
- ☐ Clara, qui ne m'envoie que des cagnottes participatives.
- ☐ Xavier, qui ne me rappelle JAMAIS !

Allez *ciao* !

J'ai commencé par ne plus fréquenter ceux qui aiment se plaindre ou critiquer. C'est de la perte de temps (maintenant que Chronos est mon meilleur ami). Plus le temps pour les gossips, même si ça défoule, même si ça rapproche. Venez, on dit des trucs positifs. Bizarrement, il y a davantage de silence ! Mais c'est pas grave, à 40 ans, j'ai appris à l'aimer, celui-là aussi.

J'ai aussi renoncé à des amitiés auxquelles je m'accrochais par habitude, mais qui n'étaient pas assez réciproques. Et au contraire, j'ai laissé entrer de nouvelles personnes plus en phase avec celle que j'étais en train de devenir. Mes amitiés actuelles sont si différentes de celles d'il y a cinq ans, même si je garde mon socle de toujours. Lâcher prise, laisser filer les gens qui veulent sortir de votre vie : cela fait partie de l'aspect mouvant des choses.

La vie c'est comme un train, il y a des gens qui vont faire tout le trajet avec toi jusqu'au terminus et d'autres qui descendront

en chemin, pour laisser la place aux nouveaux qui montent en cours de route.
À 40 ans, je sais que je vieillirai bien entourée, telle une Thérèse Clerc qui a fondé la maison des Babayagas, une résidence autogérée pour femmes âgées à Montreuil pour vaincre l'isolement. Je fais confiance à la vie pour me proposer la *dream team*, celle qui reste malgré tout, qui me donne autant que ce que je lui donne. Mes amis du lycée sont en bonne position, trente ans d'amitié sans un nuage, je ne vois pas pourquoi on se lâcherait maintenant. Maman, tu avais raison, c'est chouette d'être une guenon.

Pour être apaisée, j'ai appris à ne plus me comparer !

Dans mon grand effort pour profiter de ma quarantaine radieuse, j'ai aussi réalisé que l'herbe n'était pas plus verte ailleurs. Quelle révolution ! J'ai eu cette prise de conscience très récemment lorsque j'ai dîné avec une copine comédienne... et je dois bien avouer que, là encore, ma maman avait raison !

La Poulidor des castings !

Cette amie était pour moi ce que je n'avais pas réussi à être : elle enchaînait les fictions, les rôles intéressants, alors que moi j'avais l'impression de stagner. Il y a vingt ans, on était toujours sur les mêmes castings. Et puis un jour, sur un film important, déterminant même, j'ai été la numéro 2.
Ça s'est joué à un décolleté prêt. Elle avait mieux joué le jeu que moi. Elle avait tout compris. Le rôle était sexy, il fallait l'être, elle a osé ; moi pas. Normal qu'elle gagne. Je ne voulais pas jouer de ça alors que ça faisait partie intégrante du personnage. Je pense que Julia Roberts n'est pas arrivée en combinaison de ski lors de son casting pour *Pretty Woman*, moi j'ai toujours cette manie de vouloir montrer mon intelligence, or là ce n'était pas le personnage.

Bref, depuis ce rôle au cinéma, tout a décollé pour mon amie. Un peu envieuse, je me prenais parfois à regarder son compte Insta, mais toutes ces images de tournages me renvoyaient au fait que moi, je ne tournais pas autant. Je serais toujours la numéro 2, la Poulidor des castings. Le film a été un succès, le monde du cinéma lui a ouvert les bras, le graal ; quant à moi, j'officiais à la télévision ou sur YouTube. Et lorsque j'avais des récompenses, les siennes étaient (à mes yeux) plus prestigieuses.

On échange ?

Pour la première fois de ma vie, je voulais avoir la sienne qui semblait si parfaite. Je ne suis pas de nature envieuse, mais je me disais que j'aurais bien aimé être elle, avoir sa vie qui semblait si parfaite. Et puis l'été dernier, lors de ce dîner, je me suis aperçue non seulement qu'on avait plein de points communs, mais elle m'a avoué qu'elle enviait ma carrière, admirative de tout ce que j'avais entrepris, mes chaînes YouTube, mes livres, la présentation d'*Orgasmiq*...

Confidence pour confidence, je lui ai avoué la réciproque ! Merci à elle de m'avoir permis de comprendre qu'il fallait arrêter de se comparer et que chacune a sa zone de brillance. Son éclat ne me ternit pas, au contraire, il m'éclaire par ricochet !

Sachant qu'on est la moyenne des cinq personnes que l'on côtoie le plus, autant côtoyer des étoiles ! J'aime être tirée vers le haut, challengée, secouée et même un peu piquée dans mon ego pourquoi pas, tant que ça me pousse à me dépasser.

Merci, mon amie, de me rappeler qu'on n'est pas en compétition, que chacune a sa place dans le métier, différemment, avec ses singularités ! Et merci aussi de m'avoir fait comprendre que si on s'admirait mutuellement, le plus bénéfique pour nous deux serait de collaborer sur un prochain film, pourquoi pas.

Vous commencez à me connaître, depuis ce déclic, je lui ai écrit un rôle à mes côtés.

Et comme disait Oscar Wilde, « Sois toi-même, les autres, c'est déjà pris. » (Mon agenda se remplit !)

Pour relâcher la pression, je suis « moyenne » et ça me va !

Attention, scoops en série :

- Non, je ne suis pas un filtre Instagram au pays de Candy !
- Oui, il m'arrive d'être triste, de mauvaise humeur, vulnérable, cernée et (souvent) mal épilée !
- Oui, parfois, je souhaite rester sous ma couette, qu'on m'oublie un peu et que le monde tourne sans moi !
- Non, je n'ai pas toujours envie d'être la « meilleure version de moi-même ».

Bref, j'aimerais qu'on me laisse être moyenne, un mélange de compétences et d'incompétences, de contradictions, de forces et de failles et évidemment sans culpabiliser ! « La femme serait vraiment l'égale de l'homme, le jour où, à un poste important, on désignerait une femme incompétente », a dit Françoise Giroud.

La moyenne version de moi-même

Eh bien, depuis que j'ai passé le cap de la sagesse (les 40 ans peu ou prou), je m'autorise à « disparaître » sans culpabiliser, à me trouver des excuses pour me protéger de cette société qui me pousse à être toujours mieux, toujours plus belle, plus forte, plus solide, plus créative, plus performante. Oui, c'est comme cela que je résiste (et prouve que j'existe...) !

Et quand je ne disparais pas sous mon duvet, je m'autorise simplement à ne pas cocher toutes les cases en permanence des exigences sociales pour être validée, à ne plus être Hermione Granger, la première de la classe, et à laisser le téléphone de ma vie sur répondeur.

Attention, je ne dis pas qu'il ne faut pas se mettre à la place des autres, mais comme je l'ai bien trop fait, je me dis qu'il faut aussi de temps en temps que je me mette à ma place à moi, pour enfin la trouver.
Je vous présente donc la « moyenne version de moi-même » ou disons la plus « authentique version de moi-même » ! Je lâche mon masque de perfection, de faux-semblants, j'arrête d'être sympa et je deviens vraie. Je précise que je reste sympathique mais disons que je suis moins « bonne pâte ». Cette version me rend plus heureuse. Grâce à elle, je ne me sens ni à la traîne, ni dans un effort épouvantable pour être compétente en tout. Je m'autorise la paresse juste pour moi. Maintenant, je suis sélective dans ma zone de brillance et j'accepte volontiers de perdre une partie, pour peut-être gagner la suivante. Comme les ados, il m'arrive de dire juste « flemme » (sans phrase autour, sans sujet, sans verbe, sans complément, car « flemme » quoi) !

Mon vrai visage

Même si je fais tout ce que je peux pour accepter la moi moyenne avec bienveillance, on ne se défait pas de quarante ans de construction sociale en un claquement de doigts. Malgré tous mes efforts, j'ai constaté que j'avais toujours tendance à faire des petits arrangements au quotidien, à embellir certaines situations pour être écoutée et répondre aux attentes qu'on avait pour moi. J'ai donc décidé qu'il était temps de m'observer avec sincérité. Verdict : je suis loin d'être parfaite (et cela fait du bien de l'admettre) ! La preuve par six.

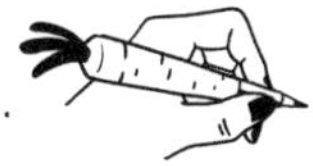

Mes 6 « et pourtant, pourtant » façon Aznavour

☐ Je trie minutieusement mes ordures pour m'assurer que je suis suffisamment écolo et pourtant je prends des bains bien trop souvent, surtout en hiver.

☐ Mon amour des animaux n'a pas grand-chose à envier à celui de Brigitte Bardot, et pourtant je ne suis pas végan !

☐ J'essaie de retirer mon masque social dans la vraie vie, et pourtant, il m'arrive d'embellir ma vie sur les réseaux sociaux pour produire un effet « wow ».

☐ J'essaie d'être juste quand je m'évalue, et pourtant, il m'arrive de cacher mes échecs et de me dédouaner.

☐ Je suis complètement consciente qu'il est parfaitement inutile de se comparer et pourtant il m'arrive d'être encore envieuse de la réussite des autres.

☐ J'aime profondément les gens et pourtant il m'arrive encore parfois de bitcher sur ma voisine qui reste sexy même en descendant sa poubelle en pyjama pilou-pilou.

Ce que je retiens de cet exercice :

- **Aïe ! Ça pique !** Se mentir, se cacher, s'arranger est toujours plus facile que d'être authentique. Il m'a fallu quarante ans pour m'en rendre compte. Mieux vaut tard que jamais !
- **J'ai enfin arrêté de nous juger, moi et mes zones d'ombre.** J'ai des défauts et des qualités, comme tout le monde, et c'est OK.
- **J'ai cherché à me libérer de tous ces vilains automatismes qui en réalité nous pourrissent la vie !** J'ai donc entrepris de me libérer des comportements d'addiction que j'entretenais pour me sentir aimée (checker mes likes Instagram au réveil, présence sur tous les groupes WhatsApp pour faire une blague, accepter des cafés avec des gens pour

qu'ils disent du bien de moi). Un premier pas pour sortir des injonctions à être cette meilleure version de moi-même et qui n'était finalement que dans ma tête.

Aujourd'hui, je kiffe mes imperfections, et #spoileralert : c'est un superpouvoir !

Pour être en paix, j'ai décidé d'en finir avec la culpabilité !

Mais pour pouvoir amplement profiter de ce moi moyen, il fallait aussi surtout que je cesse de culpabiliser. Pourquoi faudrait-il toujours être parfaite, disponible, ou irréprochable ? Arrêter de culpabiliser, c'est reconnaître ses limites, refuser les attentes déraisonnables et apprendre à se pardonner à soi-même. C'est aussi redéfinir ses priorités en accord avec ses propres désirs, et non ceux imposés par la société. À travers cette démarche, on reprend le pouvoir sur sa vie, en faisant preuve de bienveillance envers soi.

POUR ALLER PLUS LOIN

Comment expliquer notre tendance à culpabiliser ?

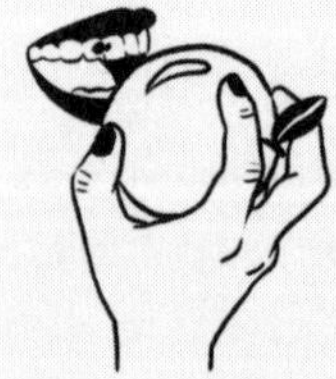

Mona Chollet en parle beaucoup dans son livre *Résister à la culpabilisation* (Zones, 2024). Les femmes culpabilisent plus que les hommes car elles sont poussées dès l'enfance à se sacrifier et à prendre soin des autres. On leur inculque l'idée que revendiquer leurs besoins est égoïste, tandis que les hommes sont encouragés à s'affirmer sans honte. Ben voyons !

Une culpabilité biblique...

Selon elle, la culpabilisation des femmes trouve une de ses racines dans le mythe du péché originel. Ève, en croquant le fruit défendu, est rendue responsable de la chute de l'humanité, instaurant l'image de la femme fautive par essence. Ce récit biblique a nourri une culture où la femme est perçue comme une tentatrice, une coupable en puissance, devant expier sa faute par le sacrifice et la soumission.

... et psychanalytique
Selon Freud et Lacan (oui, parfois, leurs préceptes s'alignent), la culpabilité féminine viendrait du « manque de phallus », symbole de pouvoir et de légitimité. La femme, privée de cette reconnaissance, serait enfermée dans un sentiment d'infériorité et de justification permanente. Mais cette lecture patriarcale est contestée : ce n'est pas un manque intrinsèque, mais une construction sociale qui prive les femmes de légitimité. Résister, c'est refuser cette logique et redéfinir le pouvoir autrement.

Comme on approche doucement mais sûrement de la fin (de ce livre, bien sûr !), je voulais régler mes comptes avec celle qui m'a le plus empêchée de profiter de la première moitié de ma vie...

Moi Culpa, assieds-toi, faut que je te parle. Tout, tout, tout est fini entre nous, tout !

Culpabilité Mais tu ne peux pas te passer de moi...

Moi Et pourtant, pourtant...

Culpabilité Tu vas tout faire en chanson ?

Moi J'y peux rien, c'est la joie en moi.

Culpabilité Tu vas le regretter...

Moi Non, rien de rien, non...

Culpabilité	Stop ! Calme ta joie, on ne se sépare pas de moi comme ça !
Moi	Tiens, ton billet aller pour les Seychelles, ça ne se refuse pas !
Culpabilité	Mais qui va te recadrer quand tu auras loupé une manif, qui te traitera de feignasse quand tu auras passé la journée à binge-watcher des séries sur ton canapé, qui te précisera de ne pas reprendre ce bout de pizza qui atterrira direct dans tes hanches ?
Moi	Personne, et je crois que ce silence dans ma tête c'est ça que je recherchais depuis longtemps. Allez, bon vent *hasta la vista, baby* et pas de carte postale surtout !
Culpabilité	Bon, je prends ça comme un break !
Moi	Définitif ! Je me sens si légère d'un coup, ça me donne envie de manger une pizza !
Culpabilité	Mais...
Moi	Je ne t'entends plus !

Pour être bien, j'ai appris le goût des choses simples ! (musique de pub)

À 20 ans, je rêvais trop haut, trop fort, trop vite, j'ai espéré tellement gros que j'ai été déçue, souvent. Comme j'avais beaucoup d'attentes, j'ai été triste, souvent. Je trouvais les choses injustes. Je pensais mériter mieux.

À 40 ans, j'ai trouvé la solution pour en finir avec mes frustrations : je rêve à ma mesure, et tant que je me plais à contempler ce qui se passe autour de moi, je suis heureuse. La question clé est : dans mon cœur qu'est-ce qui est juste ? Même si mon image pourrait en prendre un coup, qu'est-ce que je veux réellement ? J'ai aussi abandonné (progressivement, cela prend du temps !) ce besoin que la vie soit rentable à tout prix. Non seulement je ne cours plus après tous les succès possibles, mais je ne ressens plus le besoin d'être partout tout le temps. Plus de FOMO (*fear of missing out*), car je suis exactement à l'endroit où je dois être. C'est peut-être ça, la sagesse : lâcher prise sur la perfection comme elle est définie par la société et déterminer soi-même ce qui est parfait pour soi, ce que l'on préfère, ce qui nous rend heureux.

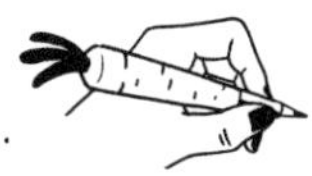

Mon top 5 des choses que je préfère au monde

- ☐ La magie de mon fils.
- ☐ L'humour de mon mec.
- ☐ Rêver sur mon canap.
- ☐ Manger du cantal, du bleu, de la fourme d'Ambert, du salers et du saint-nectaire (team Auvergne).
- ☐ Nager dans la mer avec la musique du *Grand Bleu* en imagination dans les oreilles !

Je me suis donc fixé de nouvelles ambitions. Cette période de renoncement a été bénéfique et elle a ouvert de nouvelles perspectives plus proches de moi. Désormais, je mets mon énergie dans la préservation de moments plus simples, plus authentiques (musique de pub « le goût des choses simples » encore plus à propos cette fois-ci).

Pour être sereine, j'ai décidé d'affronter mes peurs !

Ma mère peut être parfois agacée par les comportements de mon père. Rien de nouveau sous le soleil, étant donné que ça fait cinquante ans qu'ils sont ensemble ! Mais ce qui est intéressant, c'est qu'elle n'est agacée que par certains comportements, ceux qui la renvoient à ses peurs à elle. Par exemple, elle peste contre lui quand il oublie des choses car, pour elle, cela fait écho à la vieillesse et à sa propre peur de perdre la mémoire. Il est son miroir et elle aimerait parfois s'en détacher. C'est sûrement pour cela que dans les familles, il y a plus de tensions.

Mes parents, c'est moi dans trente ans ?

Je suis un peu comme Marty McFly dans sa DeLorean. Quand je regarde mes parents, je me vois moi dans trente ans. Honnêtement, ça me rassure un peu tant je trouve qu'ils sont modernes, et « dans le coup ». Mais je remarque surtout les détails qui me sont familiers, ces petites choses que je fais déjà, et qu'eux font par habitude, ces petits traits de caractère et autres « petits défauts » qui s'accentuent avec l'âge, qui font partie de ma problématique de vie. Et ça me fait peur. Ça me fait peur parce que ça parle de moi, ça me renvoie à moi, à ma vie, à ce que j'aimerais corriger !

Les petits défis du quotidien

C'est donc aussi en acceptant ces peurs et ces fragilités que j'ai décidé de me challenger. Un exemple ? Quand je vois mon père qui oublie ses lunettes, je me dis que j'ai tout à gagner à nourrir mon attention ou ma concentration. Depuis quelques années, je me rends compte que c'est ça, mon superpouvoir : je ne suis jamais aussi performante que quand j'effectue des tâches difficiles, que je mémorise des scènes complexes, que je m'engage à ne pas aller à la facilité. Alors, depuis quelque temps, j'arrête de gâcher du temps sur les réseaux sociaux et de me doper au scroll. Je sors un bon bouquin (je lis enfin Proust, *À la recherche du temps perdu*), je prépare des master class inédites, je mets mes neurones au boulot. J'ai 40 ans, mais affronter mes peurs me permet aussi d'être au top de mes capacités.

Une autre illustration ? J'observe, en regardant mes proches, que certains vivent dans le regret. Et cette perspective est terrifiante. Pas question pour moi d'envisager que mon quotidien puisse un jour être ponctué de « j'aurais dû » ou « j'aurais pu »... Donc je me concentre dès aujourd'hui sur ce qui me rend vraiment heureuse : agir, entreprendre, me confronter à l'inconnu. C'est ainsi que j'ai osé prendre des risques dans ma carrière dont je me félicite encore aujourd'hui. C'est aussi dans cette même lignée que, depuis quelque temps, je me suis fixé pour objectif de relever toute une série de nouveaux défis. Pas pour me mettre la pression, mais pour me faire plaisir. Et comme je les ai réussis, ma confiance en moi est devenue inébranlable. Je me sens solide. Je reste fidèle à mes valeurs et ne suis plus décontenancée par l'extérieur. Nom de Zeus, ma mère avait (encore) raison !

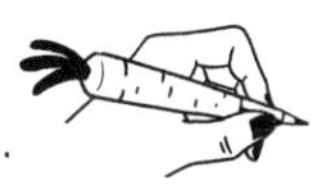

Mon top 6 des défis que j'ai osé relever depuis mes 40 ans (et j'suis pas peu fière)

- ☐ Prendre une douche froide tous les matins.
- ☐ Partir à l'étranger pour jouer en anglais.
- ☐ Me remettre au chant.
- ☐ Passer mes vacances en refuge pour faire des trails en sac à dos.
- ☐ Sauter en parachute.
- ☐ Dépasser ma timidité en allant voir les personnes que j'admire pour le leur dire.

POUR ALLER PLUS LOIN

Le concept d'esprit calleux

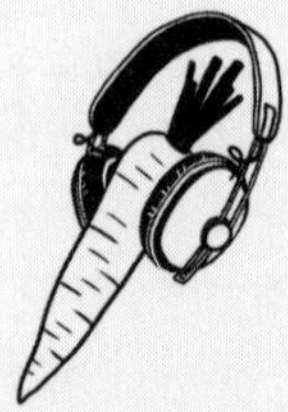

Au hasard des podcasts que j'écoute le soir pour m'endormir, j'ai découvert que j'appliquais déjà peu ou prou depuis quelque temps dans ma vie ce que l'ancien marathonien David Goggins appelle l'esprit « calleux ». L'idée ? Les défis physiques et mentaux intenses qui nous poussent à sortir de notre zone de confort afin de nous permettre de gagner en confiance en soi. Plus nous relevons de défis, plus nous repoussons nos limites, plus nous développons de la fierté pour ce que notre corps et notre esprit sont capables d'accomplir. Notre esprit est tellement renforcé que les remarques et les critiques des autres ne nous atteignent plus. Bref, la confiance en soi passe par l'action. Plus je fais, plus je me prouve à moi-même que je suis capable, et plus je l'éprouve dans mon corps, dans ma chair, moins je rumine.

Il y a encore du boulot (mais je progresse !)

Il y a des peurs sur lesquelles j'arrive à agir et les autres sur lesquelles je n'ai pas prise. Une étape qu'il me reste à franchir complètement, c'est d'accepter la mort, et surtout celle de mes proches. C'est pas gagné… Mais je m'améliore. En attendant, j'ai envie d'aimer et de profiter de chaque seconde qui me rapproche d'elle. Il paraît que les sociétés orientales la voient comme un passage, une renaissance vers autre chose. La phrase de Confucius : « On a deux vies, la deuxième commence quand on réalise qu'on n'en a qu'une » me berce depuis un certain temps. Je suis donc en train d'entamer ma deuxième vie, plus éclairée, plus consciente de son caractère précieux, plus « en présence » avec moi-même dans les petits moments de bonheur, plus attentive à mon entourage et moins dans mon mental, et surtout, surtout, plus apaisée que jamais. Qu'il est bon d'avoir 40 ans !

Pour être zen, je fais de la pleine conscience (sans le faire exprès) !

« Vivre dans le moment présent »... Ce concept a beau avoir été « vendu » par tous les gourous du bien-être depuis Jane Fonda, je l'ai toujours trouvé un peu enfantin. J'ai toujours plutôt eu tendance à croire que l'on était doté de deux cerveaux : un qui se focalise sur le présent ; l'autre qui anticipe le futur. C'est comme en improvisation théâtrale : d'un côté, il faut profiter du moment, mais si tu n'anticipes pas l'histoire, tu risques le flop. Tout ça pour vous dire que j'ai toujours été un peu hyperactive du cerveau, convaincue d'être heureuse dans la projection. Et puis un jour, le temps s'est arrêté, quand, après une chute dans l'escalier, j'ai dû faire une IRM.

Cette IRM qui a changé ma manière de voir la vie

Toutes celles qui ont passé une IRM savent combien ce moment est stressant. Ajoutez à cela le fait que je sois complètement claustrophobe et vous obtiendrez une image assez claire du moment magique que j'ai pu vivre. Quand j'ai vu la taille du tuyau dans lequel je devais insérer ma tête, j'ai eu deux choix : soit faire un saut d'obstacles, ce qui a été balayé d'un revers de manche par le personnel hospitalier, soit me concentrer très, très fort pour pouvoir me téléporter dans ma tête loin, très loin sur une plage paradisiaque ou au milieu du désert d'Arizona (ou de la Creuse, au choix) ! Pas évident, au début, de faire abstraction de l'ambiance sonore mêlant le doux son du marteau-piqueur et du bulldozer, tout ça, à fond dans les oreilles. Et puis quelque chose de vraiment magique s'est produit ! J'ai réalisé qu'au-delà des bruits, il y a le silence. J'ai compris que le silence n'était pas quelque chose que l'on pouvait créer, mais qu'il est toujours là.

Le silence, c'est l'espace dans lequel les bruits apparaissent et disparaissent. Je l'ai senti à l'arrière-fond, je me suis détachée des bruits pour l'écouter. Et à ce moment précis de ma vie, j'ai ressenti de l'apaisement. Cette sensation s'est accompagnée d'une grande joie et d'une profonde sérénité, sans LSD, je vous jure !

POUR ALLER PLUS LOIN

L'éveil, un concept qui va vous rassurer sur ma santé mentale

J'ai appris en écoutant Thierry Janssen, médecin et psychothérapeute, qu'une expérience similaire avait changé sa vie. Dans le podcast *Métamorphose*, il a mis des mots sur ce qu'il m'était arrivé et notamment celui de « conscience ». Je le cite : « Le mental pense, bavarde, juge en permanence. La conscience, elle, si on arrive à atteindre cet état et qu'en plus on le relie au cœur, nous fait devenir celui qui regarde et qui aime sans jugement, de manière inconditionnelle. » Selon lui, c'est le seul état qui permet d'avoir accès à la joie véritable. Il appelle ce phénomène « l'éveil ».

Je suis illuminée et ça me va !

Je ne sais pas ce qui m'a fait expérimenter cette sensation d'éveil, mais je suis dans une gratitude extrême d'avoir réalisé tout ça à 40 ans. Merci à cette IRM qui m'a révélé quelque chose qui était déjà là, en moi. Cette fulgurance de la conscience est revenue plusieurs fois cette année. J'aimerais la maîtriser encore plus pour avoir accès à cette joie pure que j'ai pu ressentir dans cette machine. Parfois, j'y arrive et je ris, je ris, je ris seule, sans raison apparente. Mais je ne suis pas folle, vous savez, illuminée un peu, et ça me va. J'aimerais constamment transformer ce que je vis en quelque chose de brillant et de lumineux, avoir ce pouvoir de passer de l'ombre à la lumière. Un jour peut-être !

Alors, stop ! je fais une petite digression ici. Quand on pense « pleine conscience », il est difficile de ne pas penser au sketch des Inconnus, *Skippy* : « Tout bien que tu détiens est un souci qui te retient. » Ou si tu es plus jeune, le film *Problemos* d'Éric Judor, avec ses cercles de parole où les participants expriment tour à tour leur amour pour Gaïa en se tenant la main et en chantant des *Om* de bienveillance un peu clichés ! OK, on rit un bon coup en reparlant du fait d'être éveillé. Pourquoi ? Parce que c'est vraiment ça, profiter du moment présent ! Pendant quarante ans, j'ai été dans mon mental, je faisais beaucoup de choses mécaniquement, happée par mon portable, mon boulot, à rentabiliser chaque temps mort. Ça, c'est fini !

À l'écoute de moi-même !

Après ce déclic, j'ai fait un stage de pleine conscience pour retrouver et apprivoiser cette sensation. N'est-ce pas ça, au final, le but de ma vie : trouver du sens à tout ça et devenir ma meilleure amie ? Et à 40 ans, c'est le moment ! Alors non, je n'ai pas découvert une « totale liberté de pensée cosmique vers un nouvel âge reminiscent », comme les Inconnus dans *Skippy*. Mais j'ai découvert une plus grande écoute de moi, de mes sensations, et le petit vélo dans ma tête a arrêté de tourner en permanence pour laisser place au calme et à l'apaisement.

Allez, je vais vous faire une phrase clichée, et vous pouvez vous moquer, c'est cadeau : en fait, j'ai appris à ne plus être dans le paraître, mais dans le ressenti, à ne plus me voir « en morceaux » mais « dans mon entièreté », à être 100 % investie dans ce que je suis en train de faire, là, tout de suite, maintenant. Je suis consciente de ma respiration, consciente de mes sensations, consciente de là où je pose mes pieds, de la température extérieure, intérieure, des odeurs. Tout compte.

MON PETIT CONSEIL POUR LÂCHER PRISE !
Tous les jours, pratiquez une activité juste pour vous, sans obligation de résultat et sans convaincre qui que ce soit de vous suivre.
Ça peut être de marcher au bord de l'eau, de rejouer du piano, de dessiner, de prendre un bain moussant.
Comme vous voulez, sans pression.

Se réconcilier avec Chronos

Maintenant que j'ai 40 ans et que j'ai appris à lâcher prise sur à peu près tout, je ne suis plus dans le passé à regretter des choses, ou dans l'avenir à anticiper des scénarios catastrophes qui ne se produiront jamais. Non, Chronos, tu ne m'auras plus !
Après ce stage, j'ai eu l'impression d'être parfaitement en lien avec moi-même. Et en étant concentrée sur les sensations qui m'entourent, j'ai arrêté de me juger. J'ai fait taire cette petite voix intérieure qui m'empêchait d'être véritablement moi. Plus de perte de temps à me focaliser sur des détails de mon image qui m'empêchent d'apprécier la beauté de la vie. Bientôt, je m'emmènerai en voyage, voir les plus beaux pays du monde, j'me ferai l'amour sur la plage... Ça y est, la joie revient ! *Always look at the bright side of life !* Aucun doute, c'est bien elle, et elle chante de plus en plus juste ! Pour conclure, je dirais que ma mère a raison : 40 ans, c'est vraiment « un abonnement prémium à l'existence, celui qui te permet d'accéder à tous les fruits de la vie sans restriction. Alors, je ne me restreins plus, Maman, et j'avance sereinement sur le chemin de cette nouvelle décennie, en profitant des jours de beau temps et en acceptant les jours de pluie aussi. Désormais, je me réjouirai de chaque nouvelle bougie que je soufflerai en me disant que j'ai bien de la chance de vieillir. ALLEZ, TOUS ENSEMBLE : *ALWAYS LOOK AT THE BRIGHT SIDE OF LIFE !*

À toi !

Est-ce si difficile d'être heureuse à 40 ans ? Toi, qu'en penses-tu ? Comme moi, tu peux faire ici le bilan de ton milieu de vie, savourer tout ce que tu as accompli, te libérer de ce qui ne te correspond plus, te concentrer sur ce que tu aimes et que tu veux accomplir… le tout sans culpabilité !

Si comme moi, tu as envie de répondre aux questions de la satisfaction dans ta vie (voir p. 218), ne t'en prive pas :
Où en es-tu dans ta vie ? Et si tu devais lui donner une note de satisfaction sur une échelle de 0 à 10, laquelle serait-ce ?

....

....

....

....

Où aimerais-tu en être ? Et si tu devais noter le stade où tu en es aujourd'hui sur une échelle de 0 à 10, lequel serait-ce ?

....

....

....

....

Qu'est-ce que tu pourrais faire pour changer, pour être là où tu as réellement envie d'être ? Quel temps peux-tu dégager pour focaliser ton énergie sur ce qui est important pour toi ?

....

....

....

....

Cinq entrées à rayer sur ma *bucket list* (parce que ça y est, c'est fait !), alors on peut les savourer :

....

....

....

....

....

Ces numéros qui ne figurent plus dans mon smartphone, et ils ne vont pas me manquer :

....

....

....

....

....

Mes 6 « et pourtant, pourtant » façon Aznavour pour en finir avec les petits arrangements avec soi-même ! Toi aussi, sois fière de ta moyennitude :

....

....

....

....

....

Mon top 5 des choses que je préfère au monde :

....

....

....

....

....

Mon top 6 des défis que j'ai osé relever depuis mes 40 ans (et j'suis pas peu fière) :

....

....

....

....

....

....

Enfin, lettre à ma culpabilité !

....

....

....

....

....

....

....

....

....

....

....

....

....

....

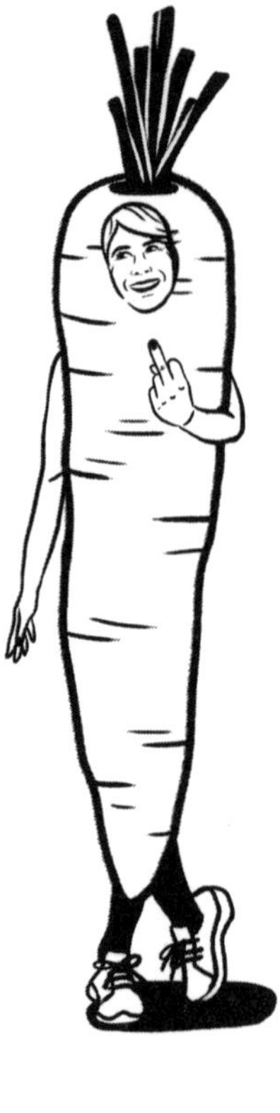

Conclusion

Clap de fin sur l'enquête, les témoignages de copines, les analyses de ces femmes de lettres que j'admire tant. La lettre de ma mère a fini par m'apaiser : aujourd'hui, je suis une future cinquantenaire ultra-zen. J'ai donc décidé de dire *ciao* à ma bonne vieille peur de mourir, dans le meilleur style *old school* qui soit : la lettre !

TRÈS CHÈRE PEUR DE VIEILLIR

Je te connais bien. Tu fais partie du voyage depuis un moment, tapie dans un coin, prête à bondir dès que je m'achète une crème antirides ou que je croise un miroir en lumière directe. Mais écoute-moi bien, car aujourd'hui, on redéfinit les termes de notre relation.

Désormais, je te place au fond de mon véhicule spatio-temporel, sur la banquette arrière. Mais je te préviens, si tu deviens trop bruyante avec tes « Attention, c'est risqué ! » ou tes « Tu n'es plus ce que tu étais... », eh bien, ma grande, je t'enferme dans le coffre. Oui, entre la roue de secours et les trucs qu'on oublie toujours de sortir.

À mes côtés, en copilote, j'installe Optimisme. Lui, au moins, sait lire la carte sans râler. Juste derrière, sur les sièges confortables, il y aura Créativité et Liberté. Ces deux-là, ils sont fun, plein d'idées. Ils ne se contentent pas de regarder la route, ils proposent des détours vers des paysages qu'on n'imaginait même pas.

Toi, ma chère Peur, tu crois être indispensable. Tu penses que tu me protèges, que tu es là pour « me rendre service ». Mais laisse-moi te dire quelque chose : tu es devenue démodée. Une VHS dans le monde de Netflix. Un Nokia 3310 dans une époque d'iPhones. Bref, tu ne me sers plus à rien, sinon à me freiner.

Je veux appuyer sur l'accélérateur, moi, prendre des risques, foncer dans mes envies, même si ça veut dire accumuler quelques excès de

vitesse. Je suis prête à payer tous les PV de la vie tant que la route est belle.
Oh ! bien sûr, je regarderai dans le rétroviseur de temps en temps. Pas pour pleurer sur le passé, mais pour me demander : « Pourquoi j'ai tant écouté Complexes, Comparaison et Manque de confiance ? » Trois passagers clandestins qui auraient dû être virés il y a longtemps.
Puis, hop, je me reconcentrerai sur la route. Le GPS sera réglé sur Cinquantaine joyeuse, Soixantaine rock 'n' roll et, pourquoi pas, Mamie punk. Oui, Mamie punk, avec un Perfecto, des cheveux colorés et une playlist d'AC/DC pour accompagner les petits-enfants à la plage.
J'ai soif de vivre longtemps et bien. De transmettre ce que je sais, d'apprendre ce que je ne sais pas, de découvrir ce que je ne connais pas, de casser les codes et de rire à gorge déployée avec mes vieilles copines en sirotant un milkshake banane sur un transat face aux vignes, quelque part en Italie.
Et toi, Peur de vieillir, même si tu reviens parfois, je resterai concentrée. Parce que maintenant, c'est moi qui décide. Si j'hésite, je ferai voter mes trois passagers : Optimisme, Créativité et Liberté. Devine quoi ? Tu perdras à tous les coups.
Oui, je suis prête. À piloter droit devant, pleine de sérénité et d'enthousiasme. Vers l'excitante incertitude de ma vie future. La mienne. Celle qui me fait plaisir à moi.
Allez, salut ! Et bon courage dans le coffre.

Le mot de la fin

Les femmes de plus de 40 ans ont comme tout le monde besoin d'inspiration, pour pouvoir devenir un jour des Tina Fey, des Oprah Winfrey, des Anna Wintour, des Louise Bourgoin, des Firmine Richard, des Susan Boyle, des Judi Dench, des Marthe Villalonga ou des Emmanuelle Bercot, ces *late bloomers* ou « fleurs tardives » qui ont toutes connu le succès sur le tard. Se dire que c'est possible, qu'il n'est jamais trop tard, que d'autres l'ont fait, alors pourquoi pas moi. Pour pouvoir devenir peut-être un jour la première femme présidente de la République française, ou

alors juste une femme créative, indépendante et libre de ses choix.
S'assurer que les femmes aient le droit de vieillir comme elles l'entendent, c'est leur offrir les mêmes chances pour la deuxième partie de leur vie, les mêmes ambitions, les mêmes rêves, les mêmes carrières et les mêmes salaires que les hommes.
Yes We Can.

Remerciements

À ma famille, qui a patiemment accepté que je passe autant de temps sur cet ouvrage.
À mes potes, qui m'inspirent de près ou de loin, même si toute ressemblance avec la réalité ne serait que fortuite.
À Charline Gayault pour ses conseils, à Maud Bettina-Marie, Noémie de Lattre, Catherine Grangeard, Mona Chollet, Victoire Tuaillon, Marie Charrel, Fiona Schmidt, Coralie Fargeat, qui ont fait évoluer ma pensée pendant toutes ces années.
À ma mère, qui a choisi de m'écrire une lettre, elle qui est dans la quarantaine depuis trente ans !
À Véronique, Gwladys, Lama, pour m'avoir fait confiance et à Youlie pour les magnifiques illustrations.
Aux éditions Solar, une maison d'édition qui fait beaucoup de bien.
À vous, parce que sans vous, il n'y aurait rien !
Aux femmes de 40 ans, à celles qui les auront un jour (on leur souhaite) et aux hommes qui les accompagneront.
À la vie, parce que la vie, c'est bien ! (musique de pub « le goût des choses simples »).
Merci à cette musique de pub pour jambon, qui accompagne tous les moments pleins de bons sentiments.

Table des matières

Direction : Didier Férat
Direction éditoriale : Lama Younès-Corm
Édition : Gwladys Greusard
Collaboration éditoriale : Véronique Deiller
Mise en pages : Littopia
Correction : Judith Lévitan
Couverture et maquette intérieure : Julia Philipps
Illustrations : Youlie
Fabrication : Laurence Duboscq

ISBN : 978-2-263-18953-1
Code éditeur : L18953/01
Dépôt légal : mai 2025

Imprimé en France par NRIs.a.s. en mai 2025 (2501509)

Solar, un département d'édi8
92, avenue de France
75013 Paris
Tel. : 01 44 16 09 00
www.lisez.com
info@lisez.com